REN WEN JIANGSU

BOOK
广东旅游出版社
GUANGDONG TRAVEL AND TOURISM PRESS

人文江苏

◎ 魏申申　编著

图书在版编目（CIP）数据

人文江苏 / 魏申申编著. —— 广州：广东旅游出版社，2013.2
ISBN 978-7-80766-402-4

Ⅰ.①人… Ⅱ.①魏… Ⅲ.①文化史－江苏省 Ⅳ.①K295.3

中国版本图书馆CIP数据核字(2012)第232922号

摄影作者：包 兰　方梦莹　红 燕　金 仑　梁 明　马 麟
　　　　　阮传菊　魏申申　吴 江　张 帆　张 晶　张云弟
　　　　　部分图片由昵图网提供，昆曲水墨人物画：高马得。

封面摄影：红　燕

策划编辑：江丽芝
责任编辑：蔡子凤　黄少君
封面设计：何　阳
内文设计：蔺　辉
责任技编：刘振华
责任校对：李瑞苑　刘光焰

广东旅游出版社出版发行
（广州市先烈中路76号中侨大厦22楼D、E单元）
邮购电话：020-87348243　邮编：510095
广东旅游出版社图书网
www.tourpress.cn
深圳市希望印务有限公司印刷
（深圳市坂田吉华路505号大丹工业园二楼）
787毫米×1092毫米　16开　17.5印张　130千字
2013年2月第1版第1次印刷
印数：1-4000册
定价：39.00元

出版人语

泱泱神州，物华天宝；江山多娇，人文荟萃！

《人文中国系列》从旅游这一现代时尚生活方式切入中国各地域的文化层面及内涵，采用图文并茂的形式，特别是突出"影像"的功能与作用，涉指中国各地域的人文、地理、历史、民族、风景、物产及社会生活等等，又远远超越旅游图书的范畴，完全可以称得上是中国第一部全境完整的"人文风物图志"，填补国内出版界在这一内容与形式上的空白。

《人文中国系列》力求知性与诗性的完美结合，着重从旅游文化和地域文化的层面与角度解读，使其形象、深度、可游三维一体，打造目前旅游图书市场上最具创意与魅力的新型旅游读物。

CONTENTS 目录

江苏素描

JIANGSU SUMIAO

话说历史

一个地方的历史悠久，意味着其沉淀下来的底蕴丰、文化厚、物产多、名家名人风流不可方物。

一个地方的历史悠久，意味着其沉淀下来的底蕴丰、文化厚、物产多、名家名人风流不可方物，所以每个地方在介绍自己的历史时，总是尽可能地追本溯源，翻过春秋，越过两周，一直往上古时代奔去，似乎从神话传说的时代，就有了发轫的影子，找到了认祖归宗的本源。

于是，江苏的历史，大多从大禹时代开始讲，按照"从前有座山"的故事模式，那就是从前有个人，叫大禹，治住洪水后把天下分为九州，现在的江苏版图就在当年的徐州、扬州的划分之中。这两个名字历经4000多年，成为如今江苏省13地市中的两个。其实4000多年前的徐州，是今河南省东南部、安徽省东北部、山东省南部和江苏省北部地区；而扬州则是今安徽省南部、江苏省中南部以及江西省东部、浙江省和福建省部分地区，和今天的地域概念大相径庭。

当然，我们还可以把江苏的历史往前推进更远一些，比如5万年前，在今江苏宿迁境内，就有"下草湾人"的生活遗址，这是和北京山顶洞人一样属于旧石器晚期的远古人类，下草湾人的考古发现，让江苏历史的悠久有了与众不同的闪光点。

远古时候的江苏，并没有今天这样发达的政治、经济和文化地位，相反，和中原礼教文化相比，古时候的江苏聚居的是荆蛮、淮夷、徐戎诸族，一听就是野性、荒蛮之地。直到春秋时期，泰伯奔来此地，建立吴国，带来了正宗周王朝的礼乐制度和先进文化。江苏今天的版图，春秋时期主要是宋国、吴国；战国时期属越国、楚国等。吴楚、吴越多有征战，直到秦始皇一统天下，设立郡县制，江苏分设在东海、会稽、泗水等郡内；到了汉代，成为徐州刺史部和扬州刺史部的一部分。

隋朝以淮河为界，淮河以北分属彭城等郡，淮河以南分属江都等郡；唐代淮河以北分属河南道的徐州、泗州和海州3州，江淮之间分属淮南道之楚州和扬州，江南分属江南东道的润州、常州和苏州。

北宋以"路"为行政划分单位，淮河以北分属京东西路和京东东路，江淮和江南分属淮南东路、江南东路、两浙路。在南宋的时候，淮河以北属于金的领地。元代的时候，开始推行行省制度，苏北大部分地区属于河南江北行省，苏南属于江浙行省。

　　明代由于开国定都南京，故江苏全属于南京。

　　清康熙六年（1667年）设江苏省，得名于当时的江宁府和苏州府，各取一个字，所以叫做江苏，简称"苏"。从这个时候开始，才有了"江苏"这个名字。如果古装戏里，康熙之前的人嘴里说出要去江苏扬州之类的话，那一定是穿越了！

　　1949年新中国成立后，南京还一度作为中央人民政府的直辖市。到了1953年，江苏省的版图大体确立，以南京作为省会城市。

杨柳拂清波

话说水土

从北到南，水的文化，孕育了整个江苏。

　　江苏的地理位置，整体上占了天时地利。江苏省地处北纬30° 45′ ~35° 07′ 之间，四季分明、寒暑交替，苏北属于暖温带，苏中、苏南属于亚热带。再加上江苏东临黄海，海洋性气候对整个江苏也有影响，有台风，有冷空气，也有江南特有的梅雨季，这便是"一川烟草，满城风絮，梅子黄时雨"。

四大平原

　　在我的印象中，江苏有大川，无大山。整个江苏省境内，就没有像黄山武陵那样的奇峰险峻，也没有像匡庐峨眉那样的久负盛名，有的只是丘陵、岗地、低山，最高的山峰，也仅约625米，是连云港的云台山主峰玉女峰。这是因为江苏主要以平原为主，平原面积占了全省总面积的68.8%，堪称全国各省区之最。

从地理学上来看，江苏境内的平原包括徐淮平原、里下河平原、滨海平原、长江三角洲平原。徐淮平原顾名思义，在苏北一带，是由经年累月的黄河、淮河共同冲刷形成的；里下河平原地处苏北、通扬运河、里下河等之间，是由长江、黄河、淮河的冲积作用以及海洋潮流的淤积而形成的；滨海平原在连云港、盐城、南通一带，属于海积平原；长江三角洲平原西起镇江，北至运河，南抵杭州湾，这片约2.5万平方公里的平原地带，在历史的发展中，成为丰饶富庶、文化鼎盛、鱼米两旺的代名词。

水乡江苏

"江南水乡"这个词，对于整个江苏来说，并不准确。其实只有苏南一带，才是真正意义上的江南水乡。但是江苏确实不愧于"水乡"之称，境内水域面积多达1.73万平方公里，从北到南，不论苏北、苏中，还是水网密集的苏南，水的文化，孕育了整个江苏。据地理学上的统计，江苏省境内的大

小河流、河道有2900多条，万里长江就有400多公里在江苏境内，大运河在江苏省内蜿蜒690公里，而近300个的星罗棋布的湖泊，以太湖、洪泽湖、阳澄湖等为著称，给江苏带来各种经济、文化上的实惠。

大概江苏可以称得上是全国内陆水域面积比例最大的行政省级了。一方水土养一方人，江苏这方水土，为江苏笼罩上"鱼米之乡"的光环。江苏的水系，主要是分属于沂沭河、淮河、长江三大水系，还有人工挖掘和开凿的京杭大运河、苏北灌溉总渠，又将全省的主要河流湖泊水系联结成一个完整的水道系统，船运在江苏境内发达至今。

曾经我有一位玩户外的朋友，自己划着一条皮划艇，从北到南，沿着运河航道，单人单桨千里在京杭大运河上漂了44天，按照他考察下来的情况，一到江苏境内，明显感受出江苏境内的水系发达，比起北方一些城市的古运河航道被弃用或被淤塞的情况，运河在江苏境内，也许是因为有各方水系的滋养，水质都要好很多。

运河文化

　　既然提到运河，就不得不从扬州说起。运河的历史，可以回溯到春秋末期，当年吴王夫差为了战争的需要，于公元前486年在邗城挖邗沟，通长江、淮河，为的是运兵输粮，北上伐齐。直到隋炀帝时期，这位喜欢琼花的昏君，倒也做了一件对江南经济发展的好事，传说中是为了去扬州看琼花的他，在当时的版图上指点江山，激扬命令，决定开凿京杭大运河。

　　当然，传说归传说，这条运河不是为了扬州的琼花，而是为了解决漕运，方便军事，控制河北、江南等地的经济、政治。大运河以洛阳为中心，分四段，大业元年（605年）隋炀帝征淮南民工20余万人，在现有的邗沟基础之上拓宽、深挖河道，大业六年（610年）开江南河，从当时的京口即今天的镇江，引流长江，长江之水穿过太湖流域，直到钱塘江边的杭州。整条京杭大运河全长是2700公里，流经北京、河北、天

津、山东、江苏、浙江六个省市，沟通海河、黄河、淮河、长江、钱塘江五大水系。整条运河的开掘历时5年，耗费国力民力，但是这条运河却给中国漕运带来上千年的航道便利，这在唐人皮日休《汴河怀古》的诗作里就已经得到了肯定："尽道隋亡为此河，至今千里赖通波。若无水殿龙舟事，共禹论功不较多。"

直到元朝定都北京之后，元朝政府又耗时10年，开挖了"洛州河"和"会通河"，连接天津至江苏清江之间的天然河道和湖泊，清江以南接邗沟和江南运河，直达杭州。京杭大运河经过先后上千年的人工挖掘，基本定型。这条运河如同脐带，为南北输送养料。

苏南、苏中与苏北

关于江苏，和其他省份有个不一样的地方，在于苏南、苏中和苏北的划分，并且几乎大部分江苏人都会纠结于这三个划分的地域概念。自然，苏南是财富的代表，苏中则象征着发展与起步，而苏北，在很多人的眼里，就是欠发展。

大部分的外省人，会以为长江以南称苏南，长江以北则自然是苏北，那么苏州、无锡、常州、镇江便属于苏南地区，而扬州、泰州、南通、盐城、淮安、宿迁、徐州、连云港则属于苏北。这样的划分让扬州、南通不服气了，从文化、语系、发展来看，扬州、南通这些地区，不同于苏北给大家的印象，于是就有了一个折中的名字——苏中。

但如此划分，也让苏州、无锡、常州稍嫌不满。因为在江苏地域经济的发展模式中，"苏南"模式的发展，是针对"苏锡常"来说的，并

梧桐花开意正浓

不包括镇江。而且从语系上来说，苏州、无锡、常州都属于吴语，镇江方言却属于北方语系。所以镇江有时候也被排除在"苏南"概念之外。

然而，比较官方的说法是：苏南包括南京、苏州、无锡、常州、镇江；苏中包括扬州、泰州、南通；苏北包括徐州、连云港、宿迁、盐城、淮安。于是我们这本书也将沿用这种划分法来介绍各地的风土。

何处是江南

江南在哪里？每个人心中都有一处叫"江南"的地方。在屈原的笔下，"魂兮归来，哀江南"，这里的"江南"，指的是当年的楚国即今湖北江陵一带；"正是江南好风景，落花时节又逢君"，杜甫以为的"江南"，是四川；"江南好，风景旧曾谙"，白居易忆的"江南"，在杭州；"春风又绿江南岸，明月何时照我还"，王安石泊船的"江南"，在镇江。

不可置否的是，江南的文化，一定与江苏息息相关。

最初的江南，是指春秋时期楚国郢都"江旁"。到了六朝时期，以建康即今天的南京作为京都，于是以南京为中心，被称作"江南"。"暮春三月，江南草长，杂花生树，群莺乱飞。"这段最为著名的描写江南的诗文，正是丘迟在《与陈伯之书》中写到的江南，而这个江南，就是梁都之所在——建康（今南京）。

"江南可采莲，莲叶何田田。"莲花、荷塘，是长江中下游典型的农业生产景象，与六朝歌咏里的"采莲南塘秋，莲花过人头。低头弄莲子，莲子清如水"何其相似！这样的情愫，也只有江南才有。被水汽润泽之后的江南，柔婉，平和，所以人们会形容一个水润般美好的女子，宛若江南丽人。

唐代贞观元年（627年），"江南"第二次被用于行政区划上。"江南道"，作为全国十道之一，包括了今天浙江、福建、江西、湖南、江苏、安徽、湖北、四川、贵州等部分或者大部分的地方。到了北宋至道三年（997年），全国十五路之一的"江南路"，以江宁即南京为治所，管辖今江西、江苏境内长江以南，镇江、大茅山、长荡湖一线以西及安徽境内长江以南部分，还有湖北一小部分。

到了清代，江南省是包括今江苏、安徽两省。

如今，说起江南，人们想起的是苏州的雨巷，是吴侬软语，是春蚕丝绸，是无锡小笼，是南京梅花，或者那些水乡古镇、石桥飞檐、黛瓦粉墙，还有在密布如织的水道里，撑一篙春水，行到江南。

话说文化

> 江苏的文化，该如何勾勒？恐怕江苏人自己都不清楚江苏境内这由南到北、由河到海、由古到今的文化差异。我们只能选取一些文化片段，试图拼出一个不完整的江苏文化。

吴文化

从泰伯奔吴的故事发生以来，黄河流域的文明与长江流域的文明在长江中下游平原交汇激荡，孕育了一个独特的吴文化。到底何为吴文化？如何界定吴文化？各家学说莫衷一是。我们只知道，吴文化中，有吴越征战的血性方刚，也有吴音媚好的柔婉流丽；有鱼米之乡的传统富庶，也有近代工业的肇始兴起；有尚文崇学的学究考据，也有笔端飘逸的吴中四子；有雅意盎然的精致园林，也有气势恢宏的皇家建筑……总之，吴文化到底是什么，很难有人说得清楚，它是多面的，也许我们只看到它的某一面便已心醉。

"我欲因之梦吴越"，这里的吴越，其实是今天的江苏南部、浙江北部和上海。从历史和现代的角度来看这些地方，用吴文化来概括江苏显然不够，但是江苏境内的吴文化，当之无愧可称之为吴文化的精髓所在。

夫子庙前的儒圣门

何园

园林文化与香山帮

　　中国的园林文化，集中于江苏，可以这样说，江苏宛若一座园林博物馆。按照园林种类的划分，有皇家宫苑，如南京的瞻园、苏州的沧浪亭；有宅邸园林，如苏州的拙政园、网师园、留园、耦园、环秀山庄，无锡的寄畅园，扬州的何园、个园，南京的煦园，同里的退思园；山麓园林则有南京的玄武湖，无锡的梅园、蠡园、鼋头渚，扬州的瘦西湖；还有寺院园林，如苏州的狮子林、西园，南京的灵谷寺、栖霞寺，镇江的金山寺，扬州的平山堂。

　　根据传统建筑学上的划分，中国园林主要有皇家园林和私家园林两大系列。皇家园林以北京皇家宫苑为代表，而私家园林则多在江苏，以苏州园林为代表。但是北京的皇家宫苑与苏州也有渊源关系，这就不得不提到"香山帮"。

　　明成祖朱棣迁都北京的时候，从江苏带走了大批的工匠，其中最著名的就是蒯祥。这位主持设计、修建紫禁城宫殿的苏州香山工匠蒯祥，后来官至工部侍郎，总领天下百工，以他为首的这批来自苏州香山的工匠，手艺精湛，鬼斧神工，于是被称为"香山帮"。现存的天安门、三大殿等，都是出自香山帮之手。

　　中国的园林文化，在江苏地域的发展，不仅仅是造园筑林，还有理论上的总结。园林史上的两部经典之作《园冶》与《长物志》，都是由苏州人所著，说的都是园林建造的法式，苏州人该是把园林当作一件艺术品来对待，和传统水墨画一样，赋予其山野意趣，隐逸情怀。

江苏的绘画一直兴盛

吴门画派

许是在江苏江南文化的浸润下，江苏画家的笔下，是江南的淡墨烟青，水泽氤氲，墨色在江南的温润下晕染开来，那些疏林浅舟、堤岸远山，形成了一个独特的画派——吴门画派。吴门画派由晚明的董其昌首次提出，代表人物是明代中期四位江苏苏州籍的画家：沈周、文徵明、唐寅、仇英，又被称为"明四家"。据清初王鉴《染香庵跋画》记载："成、弘间吴中翰墨甲天下推名家者，惟文、沈、仇、唐诸公，为掩前绝后。"

其实江苏的绘画一直兴盛。从东晋绘《洛神赋图》的无锡人顾恺之，到画《秋山问道图》的江宁（今南京）人巨然，还有"元四家"中的常熟人黄公望和无锡人倪云林。倪云林是元代南宗山水画派的代表，身为无锡人的倪云林，自然以家门口的山水作为绘画对象，画作中多为平远构图的太湖山水，景物寥寥数笔，浅水遥岑，意境荒寒空寂，形成独特的萧散超逸之画风。

到了明末清初的时候，比如"清初六家"中，太仓人王时敏、王鉴、王原祁，常熟人王翚、吴历，武进人恽寿平，都是出自江苏，活跃画坛，开创一代画风。还有当时的"金陵八家"龚贤、樊圻、吴宏、邹喆、谢荪、叶欣、高岑、胡慥，多绘当时南京地区的山水景物，而后来的"扬州八怪"罗聘、李方膺、李鱓、金农、黄慎、郑燮、高翔、汪士慎，追求自由行散的绘画内容和形式，把江苏绘画推向盛世。

到了近现代，徐悲鸿、刘海粟、吴冠中、李可染、钱松岩、潘玉良……这些响当当的一代名家，为整个江苏画坛带来继往开来的绘画精神与作品。

夫子庙前的郑板桥像

乾嘉学派

清代乾隆、嘉庆年间，江苏境内的思想学术领域形成一股以训诂、考据为主要治学方法的学派，被称为"乾嘉学派"。乾嘉学派的出现，与雍正、乾隆时期朝廷对文人的统治政策有密切联系，当时屡毁古籍，兴"文字狱"，于是文人学士便把治学放在古籍整理的研究上。经学的考据，自此而盛。

乾嘉学派源起于明末清初学者黄宗羲、顾炎武等，顾炎武即江苏太仓人。乾嘉学派又分为以惠栋（今江苏吴县人）为代表的"吴派"和以戴震为代表的"皖派"，而皖派之中，戴震的学生江苏金坛人段玉裁和江苏高邮人王念孙、王引之父子最为有名。段玉裁由经学治小学，积三十余年功力而成《说文解字注》，开创"说文"之学；而王念孙、王引之父子，并称"高邮二王"，撰有《广雅疏证》、《经义述闻》等，对训诂学、校雠学的发展起到推动作用。

乾嘉学派在江苏兴盛，其得天独厚的原因，一是江苏经济相对其他地区要发达些，经济带动了文化的发展；二则是江苏地处皖、浙地区的中心地带，各种文化、学术在此交流碰撞，自然容易形成师承流派。

雕版印刷

在扬州，有一处雕版印刷博物馆，与扬州博物馆一起号称"双博馆"。雕版印刷在扬州历来兴盛，民国中期，扬州的陈恒和父子创办了"陈恒和书林"，以经营古旧书籍为主，并编刻《扬州丛刻》，掀起了近代史上扬州地方文献的第一次大规模汇刻。扬州的杭集镇有刻书的传统，最主要的刻版力量就是坊刻、家刻，杭集镇的雕版工匠甚至形成了一个"杭集扬帮"，以陈开良、陈正春、陈礼环、陈开华、王义龙、刘文浩、陈兴荣等为代表。陈开良之子陈正春在1958年开始筹建广陵古籍刻印社，将雕版刻印技术一直保存至今。

无独有偶，南京也有一处至今仍沿用雕版印刷技术的地方，即金陵刻经处。金陵刻经处就像一位隐者，大隐隐于市。由晚清著名学者杨仁山创办的金陵刻经处，就在淮海路和延龄巷的交界处。沿着一条小巷子走进去，不远即看到齐头矮墙，气度不凡。进了院落，可见深柳堂、祗洹精舍、经版楼等，后院有杨仁山居士墓塔。至今金陵刻经处还承担各种佛经的刊刻业务，比如《金刚经》、《法华经》、《无量寿经》等。

在《世界人类非物质文化遗产代表作名录》上，扬州广陵古籍刻印社和南京金陵刻经处、四川德格印经院代表中国申报的雕版印刷技艺正式入选。而其中两家就在江苏，江苏文化之自古兴盛，可见一斑。

江南佛寺

江南佛寺甚夥，"南朝四百八十寺，多少楼台烟雨中"，说的就是南京作为六朝古都的时候，佛教鼎盛，大小佛寺依山傍水，兴旺一时。南京至今仍留存有鸡鸣古寺、栖霞寺、灵谷寺、毗卢寺、小九华山寺等著名寺院，还有正在修复的明代"金陵三大寺"之首的大报恩寺。而江苏其他地方的寺院，也是香火鼎盛，如苏州的寒山寺、西园戒幢律寺、灵岩山寺，扬州的大明寺，常州的天宁寺，镇江的金山寺、甘露寺，南通狼山的广教寺，甪直的保圣寺……

这些古刹寺庙，有的内有大德高僧，有的拥有镇寺精品，有的藏有艺术杰作，还有的在佛教寺庙中占有显赫地位，如今天镇江的焦山寺，古称定慧寺，是东汉兴平年间建立的，宋代改为普济禅院，在明代的全盛时期，殿宇近百间，参禅的僧侣多达数万人，号称"十方丛林"、"历代祖庭"。

我国现存寺庙中历史最悠久的一处，就在无锡，是一座建于唐代的寺庙——南禅寺。根据史料的记载，南禅寺建于唐建中三年（782年），距今有1200多年的历史。南禅寺的外观造型古朴稳重，庄严典雅，颇具唐风。

鸡鸣寺

话说风情

江苏的古镇，会让你一度忘了时间，忘了尘世，只觉得梦中来过，似曾相识。

丝竹琴韵

　　江南有丝竹之声，不绝于耳。自明嘉靖年间，流寓于江苏太仓的魏良辅，与苏州洞箫名手张梅谷、昆山著名笛师谢林泉等共同研究昆曲唱腔，并组织了初具规模的丝竹演奏队伍，以工尺谱为演奏法式，结合昆曲班社、堂名鼓手，最后逐渐形成了丝竹演奏的专职人员。

　　后来，这种由箫、笛、二胡、扬琴、琵琶、三弦等丝竹类乐器组成的乐队演奏的曲目，统称"江南丝竹"。而这个江南，包括了苏南、浙西、沪上地区，但其发源地是在苏南。至今太仓还有一座江南丝竹馆，介绍了这种以"小、细、轻、雅"为特色的江南独有音乐的来龙去脉。

　　按照刘禹锡的《陋室铭》中所述，"可以调素琴，阅金经。无丝竹之乱耳，无案牍之劳形"，这丝竹声，被看作民间"俗乐"，素琴，则是文人雅事了。恰巧丝竹与琴，与江苏缘分都颇深。

琴，又称为"古琴"，在古琴的诸多流派中，江苏的琴派占了半壁江山，如扬州的广陵派、常熟的虞山派、南京的金陵派、苏州的吴门派、南通的梅庵派，至今琴坛交流和教育上，还活跃着江苏各大地区的琴馆，如南京的幽兰琴馆、镇江西津渡边的梦溪琴馆、徐州的铜山琴馆。

不仅是琴文化在江苏得到很好的弘扬和交流，连斫琴也在江苏占有一席之地。在琴界有"北王南马"之说的"南马"就是扬州的马维衡，他斫出来的琴号称"马琴"。

走在苏州的老街老巷，或在南京的故居、无锡的书院、扬州的园林中，也许就能听到丝竹声和琴韵，让人觉得，这才是江南。

昆曲

江苏有两大文化被联合国教科文组织授予"人类口述与非物质遗产代表作"称号，一是古琴，二是昆曲。

江苏境内，戏曲文化颇盛，如扬剧、锡剧、淮剧、淮海戏、通剧、苏剧、丹剧、丁丁腔、淮红剧、海门山歌剧等等，最负盛名的，当属昆曲。

昆曲，顾名思义，是从江苏昆山地区发展兴盛起来的。明代嘉靖、隆庆年间，山东左布政使魏良辅退休后，住在太仓南码头，经常与当地通晓音律的艺人切磋，并受教于当时的南曲专家、太仓卫百户过云适，常常向被发配至太仓的善弦索和北曲的戏剧家张野塘请教。魏良辅在当时流行的海盐腔、余姚腔基础上改造昆腔，与浙江的海盐腔、余姚腔和江西的弋阳腔并称南曲四大唱腔。

昆曲演员正在上演《西厢记》　　　　　　　　**昆曲中的生角、丑角**

昆曲演员在后台上妆

　　昆曲经过魏良辅的改造，形成一种唱法细腻、舒展委婉、徐徐念白的"水磨腔"，"细腻水磨，一字数转，清柔婉折，圆润流畅"。昆曲靠的是唱腔的本身，充满韵律节奏，依依袅袅，配上江南丝竹的伴奏，在笛、管、笙、琴、琵琶、弦子等器乐的烘托下，更是悠远清丽，再加上词藻优美，曲牌丰富，使得昆曲号称"百戏之祖，百戏之师"，很多地方剧种如晋剧、湘剧、川剧、赣剧、桂剧、越剧、粤剧、闽剧等等，都受过昆曲的影响。

　　坐落在南京的江苏省昆剧院，至今常常表演昆曲折子戏，著名的当属《牡丹亭》、《桃花扇》。

昆曲演员的化妆物品

茶文化

江苏的茶文化，可以追溯到汉代。根据地方志和一些古籍中载录，汉代时，汉王就在茗岭（今宜兴境内）"课童艺茶"，还有"阳羡（今宜兴）买茶"的传说。《桐君录》中有"酉阳、武昌、晋陵皆好茗"的记载，晋陵即今之常州。《三国志·吴志》中还有吴后主孙皓宴请丹阳人韦曜，"密赐荈茶以代酒"。看来在当时，这茶可比酒的身份要重要些。《南齐书·武帝本纪》中记载南北朝时，齐武帝为了抑制贵族奢靡厚葬之风，遗嘱在他死后，勿以牲祭，"唯设饼、茶饮、干饭、酒脯而已。天下贵贱，成同此制"。

唐代茶文化，主要还是集中于宜兴地区，当时的宜兴地区有"一山和数山弥谷盈岗"的茶园，著名诗人卢仝有诗为证："天子未尝阳羡茶，百草不敢先开花。"宜兴所产茶叶，为唐朝建立贡焙之前主要的贡茶。在清明前，称为"明前茶"的阳羡茶，会送往朝廷贡在"清明宴"上。当时的"茶圣"陆羽，居惠山寺，品惠山泉，列天下第二。

到了宋元时期，苏州的洞庭山缥渺峰水月寺的"水月茶"，虎丘的"白云茶"，都是上品。明代江苏茶文化更盛，仅苏州一个地区，就有虎丘茶、天池茶、洞庭山的剔目、西山的云雾、浒关的白龙等多种名茶，所以有"苏州茶饮遍天下"之说。明清以来，吴县洞庭山的碧螺春独占鳌头，与龙井齐名。

因为有了苏州碧螺春、宜兴阳羡雪芽、扬州魁龙珠、南京的雨花，所以与茶文化配套的壶文化也在江苏兴旺起来。最为称著的就是宜兴紫砂壶。有好壶，才能泡出好茶。二者相得益彰，一盏茗香。

水乡古镇

江苏的古镇，会让你一度忘了时间，忘了尘世，只觉得梦中来过，似曾相识——当然，这种似曾相识的感觉，不是因为别的，而是因为苏南地区很多古镇，都有很高的共性，黛瓦粉墙，小桥流水，小弄轩窗，厅堂厢房，砖雕门楼，青石板，木阁楼，前厅后院花园——大体相当。所以选取一两处有点代表性的，大可领略水乡古镇的风情。

秦淮河

1995年，江苏省确立甪直、周庄、同里、东山为省级历史文化名镇；2001年确立西山、光福、木渎、震泽、沙溪、丁蜀为省历史文化名镇。除此，还有无锡荡口镇、昆山千灯镇、泰兴黄桥镇、南京麒麟镇、连云港南城镇、阜宁东沟镇、大丰草堰镇、淮安淮城镇等等，都各有各的特色。

江苏兴起的古镇开发与古镇旅游，一度让这些曾经寂寞的古镇，在游人的眼里重新活跃起来。很多人是带着回归质朴、回归江南的感受来的，不知在那些节假日里摩肩擦踵的小镇上，人挤人与导游喇叭此起彼伏的场面，会让他们感受到多少呢？所以，游水乡古镇，还是挑个淡季来，就当作拜访一位老朋友，走访于老镇的街上，融于老镇柴米油盐的生活，这才是最真实的水乡，最朴素的古镇。

四大菜系

江苏境内的佳肴美宴，分为四大菜系：淮扬菜系、金陵菜系、苏锡菜系、徐海菜系。每一个菜系，都充分调动你的味蕾，让你食指大动。

淮扬菜系属中国四大菜系、八大菜系之一，是扬州、镇江、淮安及其附近的菜系统称。在江苏菜系中也堪称一首。其特色是刀工精细，口味鲜美。《红楼梦》、《扬州画舫录》中描述的菜肴、满汉全席，都属于淮扬菜系，甚至今天的国宴，淮扬菜也屡次露面。

金陵菜系，又叫京苏大菜，顾名思义，是南京地区的菜系，由于南京独特的文化和地理位置，所以金陵菜系是南北风味俱全。金陵菜系讲究的是选料严谨、制作精细、主料突出、四季有别，讲究个原汁原味。

苏锡菜系，主要是指苏州、无锡两地的菜肴。苏锡地区的烹饪水平，在春秋战国时期就早有盛名了。《姑苏志》记有："吴地产鱼，吴人善治食品，其来久矣。"苏锡菜系多以河鲜、湖鲜、蔬菜为主要的烹饪对象，特别是"太湖八鲜"，口味偏甜，以调味为主。苏锡菜系在全国范围来说，能接受的人可能不多，特别是不论时蔬鱼肉，皆是甜的，大概只有苏南、浙沪一带的人才能适应。

徐海菜系，以徐州菜为主，流行于徐州至连云港地区，连云港古称海州，所以叫做"徐海菜系"，风味接近山东的孔府菜，曾经属于鲁菜中的一支。徐海菜系讲究的是鲜咸适度，善于用五味调料，注意食疗、食补。

除了四大菜系，江苏还有很多著名的小吃，比如秦淮小吃、南京素食、苏式船点、苏锡小吃、扬州小吃等等，著名的如富春包子、文楼汤包、麻油茶馓、黄桥烧饼、银鱼馄饨、小笼馒头、八股油条、蟹黄汤包、芙蓉藿香饺、灌汤香酥梨、艾草青团、金钱饼、香煎百合糕、天香麻团、南通跳面、南通火饺、姜堰酥饼等等。

吴侬软语

　　江苏的方言，分为江淮方言区、吴方言区、北方方言区。江淮方言区又分扬淮片、南京片、通泰片；吴方言区又分苏州片，常州片；北方方言又分徐州片、赣榆片。但我们说起江苏的方言特色，第一个想起的，就是流行于古代吴地的吴侬软语。

　　"醉里吴音相媚好"，辛弃疾的这句词把吴音的特色一字概出：媚。为啥叫吴侬软语？因为吴方言的特色就是软、糯、甜、媚。有这么一个笑话，站在苏州街头，听当地人吵架，听不懂方言的外地人，会以为他们在打招呼、话家常。

　　从方言学上的角度来看，吴方言的特点在于声母分尖音、团音；前元音丰富；声母有清浊之分；声调多变，有七种声调，并保留人声。这些特点，让吴方言在听觉上有抑扬顿挫、浅吟低唱的感觉。这与江南的梅雨、苏锡菜的甜、古镇的水泽一起，给人带来江南独有的风情。

南京人文地理

NANJING RENWEN DILI

往事

南京是一座悲情的城市，历史在这座城市里留下了太多的积淀，岁月在这座城市里藏下了太多的故事。

六朝往事如烟水

其实，南京不是一个适合走马观花旅游的城市，历史在这座城市里留下了太多的积淀，岁月在这座城市里藏下了太多的故事。倘若一个旅者前来寻访南京的六朝遗韵，他恐怕会失望了，因为如昙花一现般的六朝更替、兴衰、变迁，为南京留下的是金陵王脉，是钟山风雨，是寻常巷陌里的掌故，是古老地名中的传说，那些辗转于旅游景点的浮躁心

情，是难以与历史的时空心领神会的。游历南京，让我们一起先安静下来，或穿行纸上，或寻访旧迹，在往事如烟水般的记忆里，走进这里。

但凡古都，都有些个旁称别名，而南京的曾用名多达40多个，最为知名的恐怕就是"金陵"了。比起别的古都如西安、洛阳等，南京的历史仅上溯到公元前472年，还真属于晚辈。最初这里是吴国的地盘，春秋战国时期，吴越之争勾践胜出，越王又与楚国兵刃相见，结果不敌劲楚。楚威王踏上征服的土地，四目眺望，见此地环山抱水，有虎踞龙盘之霸气，于是筑城封名，是为金陵。

南京交上帝都之运，则是从东吴开始。东汉末年，孙权在金陵的基础上修城储备军粮武器，成为东吴水军的重要据点和要塞关口，以至于孙权建立东吴打算定都武昌（今湖北鄂州）的时候，民谣四起，其中最著名的莫过于"宁饮建业水，不食武昌鱼；宁还建业死，不止武昌居"。

南京明城墙

建业，也是南京的别称。这座改名为"建业"的城池，寄托的是孙权建功立业称霸一方的雄心，尽管公元229年他在武昌称帝，但都城还是设在建业。他修筑的石头城，遗址在今天南京的清凉门附近，峭壁倾城，下临江水，当年诸葛亮向孙权建议定都的话犹在耳边：钟山龙蟠，石头虎踞，真乃帝王之宅也！

六十甲子一轮回，一个轮回结束，公元280年，司马炎灭了吴国，定都洛阳，改建业为建邺，后来为避晋愍帝司马邺之讳，建邺又改名为建康。直到公元317年司马睿即位，建立东晋，建康又重回国都之席。

等到南朝宋、齐、梁、陈朝代的更迭，建康旧都演绎了一出六朝繁华的旧梦。从东吴到陈，六朝梦醒之后，留下的是无数文人骚客对金陵的念古感怀。六朝建康，当时堪称世界上最大的城市，人口已达百万，在那位造成洛阳纸贵的左思的笔下，吴都建业，俨如今天的"国际化大都市"，人们举袖如云，挥汗如雨，既有气吞山河的自然风光，也有列寺七里的城市建筑，他在《吴都赋》中极尽描绘之能事，形容这座城市为"巨丽"。这是怎样一种气魄和气度呢？

登临送目，正故国晚秋，天气初肃。千里澄江似练，翠峰如簇。征帆去棹斜阳里，背西风、酒旗斜矗。彩舟云淡，星河鹭起，画图难足。

念往昔。繁华竞逐，叹门外楼头，悲恨相续。千古凭高对此，谩嗟荣辱。六朝旧事随流水，但寒烟、衰草凝绿。至今商女，时时犹唱，《后庭》遗曲。

王安石，这位宋代的大文豪在出任江宁府之后，为六朝古都写下了这样的金陵绝唱，繁华背后，是斜阳晚景的千古寂寞。有人说，南京是一座悲情的城市，此话不假。

石头城公园

石头城公园一直是南京人纳凉的好去处。

石头城始建于楚威王时期，后来孙权迁都后依照原址筑城，以清凉山的一段峭壁作为城基，环山建成六里左右的城墙，北抵长江，南至秦淮，取名为石头城。据说古时长江的惊涛骇浪就在这绕过清凉山东逝而去，日积月累，就形成了天然的峭壁屏障，在此设城，正是作战时的要塞。

唐代诗人刘禹锡所写的"山围故国周遭在，潮打空城寂寞回"，说的就是这一座寥落的石头城了。从唐武德年间开始，这里的军事色彩渐渐弱化，五代期间还修建了一座寺庙，不过到如今，都已成为历史，唯有一段城墙留下佳话。

石头城公园适合夏日前去，长江改道，现在公园前的水脉是秦淮内河。夏日，公园内芳草萋萋、凉风习习。城墙中有一块突出来的红色水成岩，风化得像一副鬼脸，这块石头倒映在城下的一汪水潭中，亦像鬼脸，于是南京人又把这里称为"鬼脸城"。周末晴好的时候，遛小弯，望天呆，带着宠物晒太阳，在这里，能见到南京人最真实可爱的一面。

石头城公园

南朝石刻

　　探访南朝石刻，一定要有耐心，因为几乎大部分南朝石刻都散落在这个城市周边的角落，有的隐居某小学内，有的藏于荒田中，交通不便，很少有游客把那些地方当作旅游的目的地，这些古朴的石刻造像都在静静地候着访古寻迹的有缘人。

　　南京栖霞镇、江宁区、句容、丹阳，这些地方存有石刻造像30多处，有辟邪、石碑、龟座、麒麟等造型，是南朝皇帝王侯陵墓前的神道石刻，辟邪居多。

　　"辟邪"是古代传说中的一种神兽，能驱赶邪祟，拔除不祥。南京的市徽选用的就是萧景墓神道东辟邪石刻造型，线条质朴，雄浑瑰丽。

　　如果仅仅是想了解石刻文化，可以选择紫金山脚下、玄武湖畔的白马石刻公园，里面有石刻馆专门介绍石刻造像艺术，虽然是各地仿制品，但也能看个大概，总比车马劳顿地跑去荒郊野岭寻找要方便得多。

台城烟柳

　　江南的烟雨，弥漫着整座城市，细雨霏霏，从台城上远远望去，水边春草离离，碧绿如茵。踱步在台城上，周围寂静得只听见鸟儿的婉转啼鸣，六朝古都的那些历史如梦如烟，渐渐在岁月的长河中消逝，唯有那台城脚下无情的杨柳，朝代的更迭之后，仍旧在十里长堤的两岸，依依袅袅，笼罩着写满沧桑的台城。

玄武湖畔的一处屋顶

正如古诗中云："江雨霏霏江草齐，六朝如梦鸟空啼。无情最是台城柳，依旧烟笼十里堤。"唐代著名诗人韦庄脍炙人口的《台城》，让每一个登上台城的人，都有感怀古今之心。

南京城墙众多，唯有此处称为"台城"，这是一段坐落在玄武湖南畔、鸡鸣寺脚下的长300米不到的城墙，是吴秣陵、晋建业的故址，后六朝宫殿都在此处，天子所处谓之"台"，于是自古以"台城"名之。

六朝台城含金粉，当年的梁武帝在台城之上，也曾见到四百寺的香火，听到八十寺的钟磬，《玉树后庭花》想必当年也在这一方天地里唱起，台城的兴衰倒验证了陈后主那句最著名的诗句："花开花落不长久，落红满地归寂中。"

不论是雨探，还是夜访，玄武湖的柳带含烟，鸡鸣寺黄墙碧瓦，远眺九华山塔影，或是钟山苍茫，或是这座城市的灯火，台城上的衰草，冬日斜下的暖阳，台城为这座城市的车水马龙、繁华喧嚣带来一处寂静的角落。

历史上的台城在五代十国时期被废，如今的台城遗址，是明朝兴建都城所遗。城由谁建、何时而建已不重要，重要的是台城的故事，在从六朝就弥漫至今的烟雨中，一直流传。

金陵旧梦

其实南京和北京，在某种程度上可以说是一脉相承。公元1356年，朱元璋攻下集庆（这是南京另一别称），改为应天。历史总有其偶然性和必然性，南京再一次站在国都的舞台上，如果说偶然性的话，也许开国皇帝朱元璋，这个离南京不远的凤阳人，会对南京这块地方情有独钟，南京也是他打下天下的大本营，他的戎马生涯在南京有着浓墨重彩的一笔；而必然性，则是经过宋元两代，南方已经成为当时经济、文化的重镇，南京则成为重镇中的枢纽。

如果六朝故都带给人们的是一种诗意的时空遥想，那么大明都城南京给人的就是开国国都的豪迈。可以这样说，明朝乃至清朝这500多年的政治、经济、文化，皆以南京作为起点。

以南京为起点的，还有郑和下西洋的大船队。洪武和永乐年间，日本、朝鲜以及东南亚各国都派使节前来南京。曾有浡泥国（即今文莱国）国王率领王妃、子女、亲属、大臣组成在当时看来非常庞大的大明观光团前来南京，受到明成祖朱棣的热情接待，这位国王年仅28岁，也许是水土不服染病去世，葬于南京。

当时的南京估计比今天的纽约、东京还风光些，人口密集为全国之最不说，就连明代中叶来华传教的利玛窦都叹为观止，他在《中国札记》里记录下当时那个繁华胜地："论秀丽和雄伟，这座城市超过世上所有其他的城市；而且在这方面，确实或许很少有其他城市可以与它匹敌或胜过它……在整个中国及邻近各邦，南京被算作第一座城市。"利玛窦

所游历的南京，到处是殿、庙、塔、桥，而这座城市的文明程度也发展极高，"气候温和，土地肥沃。老百姓精神愉快，他们彬彬有礼，谈吐文雅，稠密的人口中包括各个阶层，有黎庶，有懂文化的贵族官吏。"

南京作为明朝开国的都城，发展极为迅速，这得益于朱元璋在南京开展的筑城工程，奠定了近代南京城的格局，以御道街为皇城中轴线，由内向外分别是宫城、皇城、都城、外廓。公元1420年，朱棣以南京的"紫禁城"作为蓝本，建成北京宫殿，次年迁都北京。

时至今日，明朝恢宏的宫殿只留下午朝门和明故宫遗址。每当秋高气爽的时候，明故宫遗址公园上空，风筝飞得老高老高，在众人尽兴的时候，有谁还会想起当年这块土地上的宫法森严，殿宇几重？

明孝陵

南京的明孝陵，实在是一处适合雅俗共赏的地方。走马观花、点到为止谓之"世俗之游"；探古访幽、感受四时谓之"雅趣之览"。来南京，不去明孝陵，就觉得心中遗憾，而明孝陵的真趣也不能在拍照留念中体会。

明孝陵，是明朝开国皇帝朱元璋及其皇后马氏的陵寝，距今有600多年历史。这座皇家陵寝的规模、建制直接影响了明清两朝帝王陵寝的形制。陵寝建成历时30多年，先是马皇后去世入陵，因为马皇后谥号"孝慈"，所以称为"孝陵"。不久朱元璋病逝，与马皇后合葬于地宫。

今天的明孝陵，地上木结构的建筑物几经毁坏，不复存在，但是从现有的格局仍然能看出当年建造时的气势。整个陵寝采取"前朝后寝"和三进院落的建制，并且依山而建，把方坟改为圜丘，"前方后圆"，主体建筑规模庞大，包括四方城、明楼、宝城、宝顶、大金门、神道等。

朱元璋的下葬之地，曾经也是一个历史之谜。传说中朱元璋下葬时南京13个城门同时出殡，扑朔迷离，有的说是葬于钟山南麓独龙阜玩珠峰下，有的说是葬于南京的朝天宫，还有的说是远葬北京万岁山。直到20世纪末，这个谜才被解开，这位开国皇帝就葬在独龙阜下的地宫之内。

明孝陵一年四季都有好景致。

春天万木葱茏，松涛阵阵。据说明朝几任皇帝先后在此种植松树10万株，放养长生鹿千头。今天鹿无踪影，但是成片的松树让明孝陵显得更加深幽古远。

夏天，离明孝陵不远有一处人工开凿的湖泊——紫霞湖。紫霞湖因与紫霞洞相通而得名，建于20世纪30年代中期。湖水是钟山泉水汇聚而成，碧色清澈，四周山林环抱，如跌落凡间的碧玉镶嵌其中，这里是老南京前来消夏纳凉的好地方。

还记得某年七月十五，和朋友夜访紫霞湖，一路上黑影迷离，到了紫霞湖，却发现还有夜晚游湖的人。晚上硕大的圆月明晃晃地挂在空中，紫霞湖在月色下真有点世外仙境的感觉，非常脱俗。

明孝陵神道上的动物雕塑

南京秋天的精华，全在一条路上，这条路就是明孝陵梅花山脚下的那条石像路。石像路是明孝陵神道的俗名，全长600多米。这条神道并不像其他帝王陵寝神道一样呈直线，而是依照地势山形蜿蜒而行，每隔一定的距离就有石像生，石像生下是六朝砖。神道从东至西威武庄严地排着古代祥兽，狮子、骆驼、大象、麒麟、马……每只神兽雕刻刀法都质朴古拙，表情生动，形态不一，各有深意。石像两边是高大的悬铃木、银杏树等树种，每当深秋，秋风秋雨一过，石像路的叶子便红了，深浅不一的红黄秋叶或悬挂枝头，或零落一地。石像路秋景，几乎成了南京的形象名片。

冬天可来明孝陵赏花，腊月里可赏明孝陵通往孝陵殿中轴线两旁的腊梅花，过了正月，便是梅花山一年一度的梅花节。梅花山本名孙陵岗，是东吴皇帝孙权下葬的地方。传说朱元璋修地宫时，本来孙权的陵墓应该迁往别处，后来朱元璋说，孙权也是一名开国皇帝，就把他的陵墓留下，给我看大门吧。孙陵岗演变成梅花山则是20世纪初的事，当年孙中山先生安寝中山陵后，当时陵园管委会就决定在孙陵岗栽种梅花用以纪念。时过境迁，梅花竞放的时候，携好友三五，带酒一壶，坐于老梅树底下，看熙熙攘攘的赏梅人群，闹中取静，别有意趣。

每年梅花山的梅花初开，一定会成为2~3月份南京人最重要的谈资。看梅花的人，换了一茬又一茬，唯有老梅兀自发芽，吐蕊，开花，看这座城市的变迁，看远处天际线上的高楼如笋般新起。

梅花山梅花

南京明城墙

如果我们回到明代开国时期的南京，一定会佩服朱元璋这个城市规划总设计师，"人穷其谋、地尽其险、天造地设"，南京都城的宫城、皇城、京城、外廓四座城墙组成了整个南京的建造格局，这有点像今天咱们有些城市里的内环、外环。

南京山多水多，因此城墙并不同于其他古代都城规矩方形的建制。南京的城墙因地制宜，设计独特，工艺精妙，规模恢宏，蜿蜒盘旋于整座南京城，这条巨龙式的城墙全长约33.6公里，比北京的还要长一些。

岁月磨蚀了历史，哪怕再坚固的建筑，也会被毁坏，所剩无几。明都宫城、皇城、外廓的城墙已坍塌，除了一些木制建筑如城门之外皆被损坏，南京明城墙却仍然屹立到今天。从钟山脚下的白马公园沿路而上，细心的人会发现道路一旁高耸的城墙上挂着一块告示牌，上面写着：我已经六百岁了。

有城墙就有城门，城门毁坏了，可城门的名字却一直沿用。清代吴敬梓的《儒林外史》中给南京外城墙的13座城门编了顺口溜："三山聚宝临通济，正阳朝阳定太平，神策金川近钟阜，仪凤定淮清石城。"如果穿越到600年前的明朝，我们仍然可以根据今天的记忆找到一些方位的影子。比如午门、玄武门、太平门、水西门、定淮门、东华门、安德门，600年前的历史也许就在今天小小的公交站牌上延续着。

600年后，南京明城墙留下的不仅是遗址。现今南京明城墙保存完好的长度是23.743公里，前去中华门城堡公园可游览。这里原本是南京城的正南方，中华门是明城墙13个城门中最大的，里面有三道瓮城，可以"瓮中捉鳖"，有27个藏兵洞，可以屯兵三千，这是一个非常重要的军防要塞。中华门前面是外秦淮河的长干桥，六朝以来这里都是最繁华的中心商业区，因为直面聚宝山（即雨花台），所以明朝的时候称之为聚宝门，1931年改称中华门。民间传说中，当年江南财富排行榜之榜首沈万山，就在这里埋下过一只聚宝盆。

明城墙下的休憩者

明城墙的中华东门

曾经听一德高望重的南京大学历史系老先生说过，老沈的聚宝盆埋在第一个关口的左边，真兮假兮，无人能考。

其实南京的明城墙，大部分不是旅游景点，也许你在前往某处风景的途中，往窗外偶尔一瞥，就能看见城墙的青砖，还有满墙的爬山虎。在水西门广场、汉中门广场、月牙湖公园等地方，明城墙已经成为现代化生活中的一部分，人们在此休闲、娱乐，靠着老祖宗留下的城墙歇歇脚，站在城墙下遮遮阴。历史，就这样渗透到生活里，渗透到精神中。

阳山碑材

在南京附近的汤山镇西北，有一座阳山，此山无别的特产，唯产石材。

明永乐年间，皇帝朱棣夺位后为正天下视听，彰显自己的皇脉正统，欲为明太祖朱元璋树碑。朱棣召集全国上万工匠在阳山南麓开凿碑材，计划开采的碑座高13米，宽16米，长30.35米，重达1.6万吨；碑身长49.40米，宽4.4米，高10.7米，重约8700吨；碑额高10米，长20.3米，宽8.40米，重6000吨左右。这样一块巨碑倘若要立起来，总高达78米，重31万吨，让人望之惊叹，闻之咋舌。

这块碑，终究没有造成。碑座和碑帽都初见其型，碑额已从山体上凿开，这块巨碑，又被称作孝陵碑材，之所以今天仍然躺在阳山，一说是由于朱棣迁都北京，所以制碑计划式微；另一说是此碑巨大，无法运输，所以弃而不用。

后人前来瞻仰这块碑材，都会感慨于此项工程的浩大。站在巨大的碑材下面，工匠斧凿的"叮叮"声仿佛仍在耳边回响。

民国遗韵

　　南京还有一个称号，叫做"十朝古都"，除了之前提到的东吴、东晋、宋、齐、梁、陈，再把南唐、明初、太平天国、中华民国这四个短暂的定都算上，正好十朝。历史兴衰，世事变迁，南京的帝王气浮沉期间，云蒸霞蔚过后，这个城市的时间安静流淌，带得走的，留得下的，自与众人评说。

　　在辛亥革命、武昌起义爆发之后，1912年，孙中山先生在南京就任中华民国临时大总统，建立中华民国。中国历史几千年实行的封建君主专制制度被推翻，民主共和制度逐渐建立，这是怎样一个风云际会的年代！与那个年代息息相关的南京，至今还保留着一张张民国名片：中山陵、总统府，还有那些散落在城市角落的民国官邸。其实遗留下来的何止建筑，中山路、中华路、中山门、中山码头，甚至如今时尚潮人稀罕的1912酒吧街区，文艺青年常去探访的颐和路，都深深烙上民国的影子。

　　一直以来，南京就以绿色城市著称。从中山码头出发，坐上31路公交车，在一个枝繁叶茂的夏天，顺着线路游走，昔日的中山大道两旁的法国梧桐，今天仍然为这片城市带来浓郁的凉阴。跳跃的阳光穿透碧绿的枝叶，就像天上的繁星一样耀眼。在这条路上骑着自行车，几乎不用戴遮阳帽，交织在一起的树荫接连不断，可以伴你好远的一段路。

南京1912酒吧街

1912酒吧街一角

也许只有在春天时候，市民才会对两旁有着70多年树龄的法国梧桐树多一点抱怨。法国梧桐是悬铃木的俗称，这种树高大、叶密、枝繁，是当年从云南引进的树种，在南京生了根，每当春天就会下起"梧桐雨"，那是梧桐树发芽的时候，一些"果毛"随风飘落，满地都是，似在下雨，让行人掩面而逃。但南京人对春天4~5月间的"梧桐雨"一直抱着宽容的态度，毕竟全城有近15万株的悬铃木，为这座城市带来的林荫大道多达20余条。

在31路公交车的这条线路上，你会看到中山码头、中山桥、中山大道、南京饭店、江苏议事园、鼓楼公园、北极阁、四牌楼。这些地方或者建筑只是一个粗略的提及，事实上在中山北路的两侧，国民政府海军司令部、国民政府交通部、原国际联欢社、国民政府铁道部、原最高检察署和最高法院、国民政府外交部，还有中央研究院气象研究所在旧址上设的气象台——北极阁，上面隐匿着宋子文公馆。这一条线能串起很多民国旧忆。

不论是歇山顶、琉璃瓦、飞檐挑角、雕梁画栋，还是教堂式的尖顶、爱奥尼克式的圆柱等这些洋派的欧式风格，美轮美奂的都是民国建筑，南京就如一座民国建筑博物馆。在这座博物馆里徜徉，你可能会花上一些时间，因为有太多的地方值得游览，有太多的地方值得观赏，还有那些充满着民国奇闻轶事的角落，也会引起你的兴趣。

有这样一种划分，把南京的民国建筑大致分为八大片区，分别是中山北路——中山路片；中山东路——中山陵片；北极阁——鸡鸣寺片；颐和路——宁海路片；新街口——汉中路片；鼓楼——汉口路片；傅厚岗——高楼门片；长江路片。而在这些片区里，中山陵、总统府、别墅群等等犹如璀璨明珠点缀其中，有些需要你驱车前往，购买门票，而大部分的民国建筑，则需要你静下心来，踱步于绿荫之下，去邂逅那些碧瓦黄墙。

中山陵

　　有人说，南京最著名的景点，居然是两座墓，一是明孝陵，另一则是中山陵。每次带朋友去中山陵，我都被392级台阶所累。我更喜欢去中山陵附近的山里头走走，比如在音乐台歇歇脚，在流徽榭的草坪上望山看水。

　　中山陵在南京东郊，紫金山里。孙中山先生的灵柩于1929年6月1日安放在此处。整座陵墓由博爱坊、陵门、碑亭、祭堂、墓室、石阶等组成，在吕彦直的设计里，陵墓从上空看，是呈木铎（钟）形，铎本是古代的一种器物，类似今天的铃铛，它的特点就是声音传得远，铜身铜舌的叫做"金铎"，铜身木舌的叫做"木铎"。《论语》中说道："天下无道久矣，天传于夫子为木铎。"这个设计，其实是象征着孙中山先生的"革命尚未成功，同志仍须努力。深知欲达此目的，必须唤起民众"的临终嘱托。

　　整个中山陵风景区，是由音乐台、流徽榭、仰止亭、藏经楼、行健亭、中山书院等纪念性建筑组成。

　　其中最有意思的，要数音乐台。有一位研究音乐建筑的海外学者曾经赞叹过音乐台，这里是世界上与大自然结合最紧、最有特色的露天音乐台。音乐台建成于1933年，由著名的建筑设计师关颂声、杨廷宝设计。从一侧平视，音乐台就像一把打开的扇子，而从空中俯瞰，则像孔雀开屏。音乐台由表演台、弧形照壁、荷花池、草坪、回廊等组成，融汇了设计师以天地为舞台、以自然为天籁的理念。

中山陵

周末晴好的时候，音乐台总是南京最适宜晒太阳的地方之一。那些散养在音乐台附近的白鸽，扑棱一下全部腾空飞起的时候，真的很壮观。

流徽榭也是一处很美的地方，如小家碧玉一样，掩藏在深山里。流徽榭是由当时陵园工程师顾文钰设计，是一座三面临水的亭阁，坐落在流徽湖边。四周是群山环抱，深秋的时候，水色透碧，山上的秋色正浓，经常有人在流徽榭的亭子里唱歌唱戏，隔着水声，也分外热闹。总之，南京就是个到处可以休闲，到处可以瞎逛的城市。

总统府

有一段时间，每天都从总统府的门前路过，从没有发现那扇门能清静一点，几乎每天都有整队整队的旅游团在门口整装待发，准备进去参观。所以，越是近的地方，反倒没有进去过几次。有一年，南京的公园年票即将到期，我这才第一次踏进总统府的大门，混迹于各式旅游团中，游了一次总统府。

没想到，总统府里果然很有看头。

这座建于1912年的建筑，历时近8年才得以竣工。最初原址是清末两江总督的军署，再推溯到明朝初年，这里是汉王陈理建造的府邸，明朝永乐年间，明成祖朱棣的儿子朱高煦在此建王府，并将陈理王府的西花园取名为"煦园"。在两江总督军署身份之前，煦园还做过乾隆南巡时候的行宫花园。在太平天国时期，太平军建都南京，以此地为太平天国天王府。辛亥革命胜利后，孙中山就任中华民国临时政府大总统，就在这里起居办公。如今统称为"总统府"。

总统府里最值得一游的，估计就是煦园。这处煦园放在苏州，也许未必能算上乘园林，论资排辈，也未必够得着前三。但是在南京的话，却可以算是数一数二的江南典型园林了，只是南京人却未必会逛园子，与来自四面八方的游客挤在这里相比，他们更爱爬紫金山，游玄武湖，或者去明孝陵，山大水阔，才符合南京人"多大事儿啊"的豪爽性格。

煦园，不系舟、漪澜阁、夕佳楼、忘飞亭……这些大概是因为乾隆、孙中山的踪迹，才有名气起来。煦园也好，总统府也好，总体都不算大，一会儿就逛完了。

总统府一角

颐和路

颐和路

颐和路，适合步行，适合骑车。

要是问，在哪里能看到比较原汁原味的民国风貌，那一定是颐和路。民国建筑多集中于鼓楼、山西路一带。比如北极阁1号，是宋子文的官邸，与古鸡鸣寺相邻；鼓楼附近的汉口路上的斗鸡闸4号，是何应钦的府上；从鼓楼往北行几百米，便是傅厚岗和百子亭，这里有钱大钧、桂永清、唐生智的老宅院，一看房子的外形，就觉得气质不俗；再往西走，湖南路上有陈布雷的官邸，以及法国大使馆旧址——今天已经变成一家小旅店和餐馆，躲在一条叫"文云巷"的路边，每每让过路的行人侧目；湖南路以南一片，比如琅琊路上，有周至柔的家院，常年大门紧锁。

这些老建筑，最为集中的，便在颐和路附近。颐和路本身不长，按照地理上的描述，它西南到西康路、天竺路；东北到江苏路圆环，与山西路、江苏路、宁海路、珞珈路以及四卫头交会；中间与琅琊路、牯岭路交会。然而就是这样一条路，两旁长满了高大的梧桐树，绿荫蔽日，郁郁葱葱，掩映着各种异国风格的别墅、房屋，有汪精卫、阎锡山、胡琏等的官邸。

所以，颐和路是值得探访的地方。那些错综的小巷小路，随意走走，或者骑着自行车在树荫下乱窜，路的两旁一幢接一幢的旧式别墅官邸迎面而来。解放前这里居住的大多是国民党军政机关要员、富商、外国使节等等，各国的建筑特色都能在其中找到影子。

特别是在春夏的时候，我很喜欢拉着朋友来颐和路上走一走。安静，空气里透着水汽，漫天枝条交错。拐角处，一扇西式阳窗，不经意地敞着。

人文

> 华灯映水，画舫凌波，摇橹的船儿仿佛在眼前晃动起来，一上一下，渐行渐远。

灯影秦淮

秦淮，这两个字充满遐想和诗意。人们听到"秦淮"，就会想起莺歌燕舞的"秦淮八艳"，想起夜泊秦淮的桨声灯影，想起夫子庙边的纸醉金迷。华灯映水，画舫凌波，摇橹的船儿仿佛在眼前晃动起来，一上一下，渐行渐远。

秦淮，像一位女子，并不是随时来都可以撩开她的面纱的。她的旖旎，她的缥缈，她的温柔如梦，偶尔是六朝金粉般的繁华，偶尔是浅吟低唱般的闺情。其实，秦淮河在南京的历史，已有几千年，从这一点来说，秦淮河更像修炼千年的女妖，带点仙气，带点脂粉气，带点人世间饮食男女的俗气。

秦淮河本是长江的支流，古称淮水，本名龙藏浦，一听就觉得是个卧虎藏龙之地。当年秦始皇东巡来到今天的栖霞山附近，看到金陵紫气缭绕，祥云盘旋，有方士告知"五百年后，金陵有天子气"，于是这位希望千秋万代"万万岁"的秦始皇便下令斩断"龙脉"，凿方山，开挖河道，以泄王气。就这样，在街头巷尾的传说中，这条淮水就跟了秦姓。

龙脉有没有断,不得而知。但六朝以南京为国都的帝王,能坐得安稳皇位的也没有几个,难怪明朝朱棣要迁都北京。

不管王气是否尚存,龙脉是否断泄,无可否认的是,从六朝肇始,名门望族、巨贾贩商、文人雅客,乃至歌伶舞姬,秦淮河两岸就没有消停过。当年的六朝金粉、明清艳酒遍染河水,轻歌曼舞,酒肆林立,到后来的水月楼台、飞梁画栋,雕船画舫,秦淮河的声色犬马、红男绿女,至今仍让人津津乐道。

如今到秦淮夜游,要挑个好日子。快到正月的时候,秦淮河附近就开始上灯,一直亮到正月十五过后。老南京有句话:过年不到夫子庙观灯,等于没有过年;到夫子庙不买只灯,等于没过好年。这个时候去秦淮河畔,那才真正感受到了传统的年味。莲花灯、麒麟灯、金鱼灯,各种造型的灯山灯海,一年一度的夫子庙灯会把秦淮河两岸照了个灯火通明。潋滟的河水倒映着五光十色的灯火,人们好像又回到了南朝金粉、秉烛夜游的时光。

说到秦淮,不能不提"秦淮八艳",这至今仍令人神驰、心旌荡漾,但这八位女子,给人们留下的更多是敬佩之情。明末,金陵秦淮河畔先后有八位以色、貌、才、艺名冠江南的艺妓。她们迫于生计从小在青楼长大,被调教成琴棋书画样样精通的花魁。《板桥杂记》中余怀记下了顾横波、董小宛、卞玉京、李香君、寇白门、马湘兰六人的逸事,后人又把柳如是、陈圆圆列入其中,凑为"八艳"。

这八艳中,有令吴三桂"冲冠一怒为红颜"的陈圆圆,有昆曲《桃花扇》中血溅诗扇的李香君,有在《影梅庵忆语》中被冒辟疆款款记载的董小宛,有学术巨擘陈寅恪为其著书立传的柳如是,还有从良跟随明末历史名臣的顾横波、寇白门,几乎每一个人身后都有让人为之扼腕的故事。

江南贡院夫子庙

先说夫子庙。提起南京夫子庙，可谓无人不知、无人不晓。但凡外地游者到此都会叫上一部出租车，径直前往夫子庙。在某一处牌楼前下了车，里面人群熙攘，人声鼎沸，此处一无门票，二无景点，只有一些小吃瓦肆罗列两旁，游者摸不着头脑，怎么夫子庙就像个小百货市场呢？

其实不然。夫子庙自古是崇文尊理的圣地，最初是东晋成帝司马衍咸康三年（337年）所建，当时王谢大族之一的琅琊王氏，有一位权重三朝的大臣王导，向司马衍提出要立太学，于是就在此地建立学宫。北宋仁宗景祐年间在学宫的基础上扩建孔庙以祀孔子。各地祭祀孔子的庙宇皆称为"孔庙"，唯独秦淮河畔，被六朝烟粉一洗染，就成了老百姓嘴里的"夫子庙"。这位庙主不仅仅是克己复礼的那位孔圣人，也是那位被子路质疑拜见南子的夫子。

秦淮河畔崇的是孔夫子，建的是明德堂，多少莘莘学子被秦淮河的桨声灯影所迷醉！

夫子庙的学宫名为"明德堂"，这又是和全国其他学宫所不同之处，据说是由于宋代文天祥在此题写"明德堂"的匾额，名因人显，所以学宫就不叫"明伦堂"而有了现在的这个名字。旧时科举，每月初一或十五，秀才们都前来学宫聆听训导的宣讲，不知道这是不是古时候的考前复习班。

夫子庙前摆卖着各色花灯

　　说到考试，不得不提夫子庙建筑群里的江南贡院。江南贡院，又称为建康贡院，古代最大的科举试场即设此。这块比邻秦淮的30万平方米的地方，是多少上榜考生心目中的"风水宝地"，又是多少落榜者的"兵败沙场"？东起姚家巷，西至贡院西街，南临秦淮河，北抵建康路，曾经规模宏大的江南贡院，经过明清两代的扩建，鼎盛时期拥有20644间号舍，上千余间官房，以供主考、监临、监试、巡察以及同考、提调执事等官员居住，除此还有膳食、仓库、杂役、禁卫等用房，甚至水池、花园、桥梁、通道及岗楼，不论是乡试还是会试，这一处江南贡院，都是寒窗苦读的才子们一考定终身的地方。这一间间小号舍里，曾经走出过"留取丹心照汗青"的文天祥，"江南四大才子"之一的唐伯虎，"难得糊涂"的郑板桥，还有把科举考试描写得淋漓尽致的吴敬梓，甚至晚清时期的林则徐、曾国藩、左宗棠、李鸿章、陈独秀，他们要么在这里下笔千言、奋笔疾书，要么在这里点卷拔筹、伯乐识人。

　　江南贡院改变了多少学子的命运？出了贡院便是秦淮，这是怎样的现世在刺激着考生的感官？倘若榜上有名，拥红抱绿的迷醉生活则指日可待；如果秋闱落第，这秦淮河边便又多了一桩红袖添香、挑灯伴读的故事。秦淮河畔、贡院之前，才子佳人的故事从来就不曾缺少过。

　　最后一次科考结束后，江南贡院在1919年开始被大规模拆除，除了明远楼、衡鉴堂以及一些号舍留存外，其他的全部被拆除，改为市场。如今的夫子庙周围，得天独厚的小商品市场规模，那个时候就奠定了条件。

现在的夫子庙，完全是市井风流，科举的严肃和孔夫子的学问，都被秦淮河冲刷得只剩下旅游纪念品了。再来夫子庙，大概众人更感兴趣的是夫子庙的小吃吧。夫子庙附近小吃琳琅，茶楼饭店比比皆是，而且都扬着"秦淮八绝"的招牌。1987年秦淮区风味小吃研究会正式命名八套风味小点，分别是永和园的黄桥烧饼和开洋干丝，蒋有记的牛肉汤和牛肉锅贴，六凤居的豆腐涝和葱油饼，奇芳阁的鸭油酥烧饼和什锦菜包，奇芳阁的麻油素干丝和鸡丝浇面，莲湖糕团店的桂花夹心小元宵和五色小糕，瞻园面馆熏鱼银丝面和薄皮包饺，魁光阁的五香豆和五香蛋。这些小吃恐怕光是听名字就能让人食指大动。

故居深处流传

南京自古繁华，"江南佳丽地，金陵帝王州"，不论是作为国都还是作为江南胜地，车来车往，人聚人散，留下的是名人过客的佳话。不论是安身立命，养老送终，还是经过此地，下马问鞍，他们给南京这一片土壤带来文脉风流，政事频仍，那些逸事趣闻一直在故居深处婉转流传。

有些故居瓦木尚在，供人参观；有些故居片瓦不存，成为故事。那些旧时留下的建筑撑起一片岁月的天空，人便活动其中，造就了历史，凝成了南京城的文化脉搏。不论是

甘熙故居小轩窗一角

文化名人故居，还是政要名流寓所，人们唏嘘的是沧海桑田的历史，那些砖瓦砾石，有的被簇新的建筑和地标完全代替了，想要寻踪访迹，也只能到故事中体味了。

那些如吴敬梓故居、曹雪芹故居、徐悲鸿故居、李宗仁故居、赛珍珠故居……只有有心的旅人会前往，魏源故居的小巷阿砖雕门楣，清凉山扫叶楼龚贤故居的翠竹影重，金陵刻经处深柳堂的油墨飘香，南京的文脉深深烙在了看似寻常的巷陌人家。

这些故居最早的，该是晋代的周处读书台。就在南京东南角的江宁路老虎头44号，有一座光绪年间的老宅院，院内的一座石台，便是周处读书台。其实这是周处当年任吴国东观承时的堂宅子隐堂，后来被误称为"周孝侯读书台"，延续至今。吴敬梓、袁枚等都为这处读书台题咏过。

现存最大的故居，当属甘熙故居。老南京把甘熙故居称为"九十九间半"，有点古代老百姓日常生活中所奉行 "满招损"的哲学意味，凡事不能太过圆满，不可尽善尽美，要有一点缺陷方能长久，所以豪宅百间的做法是不可行的，必定要少那么半间，九五至尊，以九为大，"九十九间半"，恰到好处地显示出主人家的财富。

甘熙故居的房间，算起来其实有300多间，包括今天能参观的门厅、大厅、内厅、主人房、佛堂、洞房、闺房、书斋等等，整体布局讲究，主次分明，功能突出，并且延续了传统房屋布局、堪舆选择的特点，当年甘熙研究金石、风水、星相之学，自然要在居所建造上下一番功夫。不论是房屋的朝向还是厅堂的安排，都反映了当时金陵大族的文化传承和伦理观念。从故居的格局，我们可以看到当年的宗法制度，看到富贵满堂、福禄寿喜在建筑上的折射，看到等级观念无处不在。

如今的甘熙故居，几经修复，仍然是青瓦粉墙，透着大家闺秀般的低调奢华，静谧、清新、雅致，是城中不可多得的一个好去处。周末前去，有时候遇到古琴社、昆曲票友在活动，丝竹之声不绝于耳。穿行于厅堂瓦弄之间，摩挲着油红的廊柱门窗，斜阳从镂花窗户上投射下一方光阴，青翠的植物攀延而上，于无声处，邂逅一段旧日的时光。

甘熙故居里面的小工艺制作场所及小工艺品

学院风流

在城市中蜿蜒穿行，一条文化脉络明灭可见。我们踱进距离城市最繁华的中心——新街口仅一站之遥的地方，毗邻最繁华的电子市场珠江路，周遭还有鼓楼医院、儿童医院、消防中心、高等法院等等高大的现代建筑包围着。然而闹中取静，这一处，便是南京乃至江苏文化中心的所在——南京大学。

南京的老建筑，小隐隐于市，大隐隐于高校。倘若想对南京的老建筑来一次游历，南京大学是不可缺少的一处。走进汉口路，路上师生行色从容，道路两旁林立的树木交织成荫，还未看到老建筑，已让你感受到迎面而来的学府气息。左边是南苑，学生宿舍区设于此，右边是北苑，为教学区。简单朴素的大门，门前过路的每一个人都会感慨，百年名校竟然如此低调。然而从门中探望过去，两旁高大的梧桐树，在白玉兰枝头露出端倪的歇山顶、琉璃瓦，便让人生出几分敬意。

进了校园，旁边有一块指示牌，上面写着各院系的方向，但是楼的名字一定会引起人们的注意和好奇：东南楼、甲乙楼、丙丁楼、戊己庚楼、辛壬楼、东大楼、西大楼、北大楼……在冠名蔚为成风的今天，百年前的金陵大学，一所当时在国内数一数二的高等学府，却是以这样朴实无华的名字来为每座教学楼命名，这样简单"寒酸"的名字甚至延续至今。南大低调的作风，再次彰显了它的魅力。

从北大楼到图书馆是一条中轴线，两旁草坪油绿，绿树成荫，北大楼两边就是东大楼和西大楼、大礼堂和小礼堂，正对的是老图书馆。北大楼最初称为"行政楼"，1917年建，已有90多年的历史，当时美国建筑师司迈尔一直想把自己对中国文化传统的理解融入建筑中，于是他选择了塔楼、歇山顶、明城墙、青砖瓦等元素，融合西方建筑布局和西洋钟楼的特点，清水勾缝，砖木混搭，建筑面积3473平方米。塔楼高5层，主楼地上2层，地下1层。塔楼四面歇山顶，顶脊以传统兽形装饰，大楼坐北朝南，阔踏道，抱鼓石，左右两边也是歇山顶、青砖瓦的建筑，呈环保之势，既传统又西式，这和当时属于教会的金陵大学风格是一脉相承的。如今的北大楼被满墙的爬山虎藤蔓包裹着，从那些绿枝翠叶中，我们或许能窥探到当年历史的踪影。

沿着北大楼前的那条通道往南行，有礼堂、小园。闭上眼睛回想北大楼，唯有一片葱葱郁郁的绿色。春天的时候，学子们结伴而游，老图书馆前的樱花道是这座城市赏樱的绝佳去处，两旁高大的吉野樱仿佛在游人的头顶投下一片粉云，映衬着老建筑的青瓦红柱，似一幅唯美的画。

老图书馆旁，灌木掩映着一块"二源壁"，壁的前后是两款20世纪初办学建校存留下来的碑石，一块上书"两江师范学堂"，魏碑大字，雄浑苍劲；另一块书"金陵大学堂"，柳体遒劲，沉着大气。碑面斑驳，岁月印痕，于暮色中寻到此处，区区不盈百米的绿丛之间，窥见沧桑历史，颇有寻古问今之感。今天的南京大学源头可追溯到两江师范学堂、金陵大学堂，以及各自的肇始三江师范学堂、汇文书院，因此这块碑壁被称为"二源壁"。

中轴线的西侧，有一座建于1917年的礼堂，由曾留学美国的民国最早的著名建筑师齐兆昌、美国费洛斯与汉密尔顿建筑师事务所共同设计。屋顶也是歇山顶、蝴蝶瓦、清水砖刻线脚，拱形门，大门上方三面砖雕吉祥刻花，门楣和窗棂以西式图案作为装饰。南大每年的毕业典礼都举行于此。而让每个从南大走出的学生记忆犹新的，则是北大楼前那位看管草坪的老人，他为无数身穿毕业服的毕业生在北大楼前留影拍照，已经成为南大学子口口相传的风景线。

南京大学大礼堂

透过小轩窗可看到瞻园内盛放的红梅

瞻园一角

瞻园一盏茶

十年前的春天，我在瞻园，喝了一盏茶。

那一次是戏剧社的朋友雅集，瞻园在我们的印象里就是一处开设在园林里面的茶社，把瞻园的一小部分辟出来，有回廊、碑刻、假山、青砖，还有名人的手迹。我们是坐在一株海棠树下，正值三月下旬，春气吹暖，海棠花开，犹记得那是一株垂丝海棠。数人围坐在庭院之中，泡着雨花茶，一人一盏。在这样一处幽静、无人的江南园林式的庭院之内，听着朋友唱昆曲，品着香茗，午后暖洋洋的太阳裹着刚脱去冬衣的每个人，虽无丝竹伴奏，朋友们却唱得非常认真，感情饱满。

十年之后，无心之中我竟然在同一个时间又去了瞻园，不同的是，瞻园旁边当年的园林茶社，如今已改做了私房菜馆。

作为南京现存历史最长的园林，瞻园以明代园林风格著称，与上海豫园、无锡寄畅园、苏州拙政园和留园，一起并誉为"江南五大名园"。瞻园本是朱元璋称帝之前的吴王府，后来赐给了中山王徐达作为安度晚年的王府花园。清顺治年间，瞻园作为江南行省左布政使署的行署园林，接待过出巡江南的乾隆，"瞻园"二字便是由乾隆从苏轼"瞻望玉堂、如在天上"诗句中点化而来。

太平天国定都南京后，瞻园成为东王杨秀清的东王府，后来又作为夏官副丞相赖汉英衙署和幼西王萧有和府。历经战乱，现在的瞻园是2007年逐步修复的。

明代的园林风格，如同明代的文章、服饰、绘画，清雅质朴，瞻园也一样，简单的回廊、山石、亭台，和苏州园林的精巧相比，逊色很多。

在春天走访瞻园，孩子们正好组织春日游园，在假山石间穿来穿去。绕到一处僻静的院子，一株白梅静静地开着，幽香缥缈。迎春、春梅吐蕊绽放，垂柳新芽，观鱼亭旁一株刚刚开花的白玉兰，谁不感叹春色满园？

玄武门

景色

二座城市，因为有山而显得英姿勃发，因为有水而显得灵气十足。

玄武湖

一座城市，因为有山而显得英姿勃发，因为有水而显得灵气十足。南京有山，有水，如果说可以称为一方景色的话，非玄武湖莫属。如果游客前来南京游玩，一出火车站便能看到一片湖光山色，碧波荡漾，烟云渺渺水茫茫；离开这座城市回首而望，这片波光粼粼、烟柳堤岸仿佛在与你约定，何日君再来。

玄武湖是南京的城市名片，也是南京的名胜之一。玄武湖本是一块由于地理原因而形成的湿地，钟山北麓的湖水一路而下灌溉至此，这片古称"桑泊"的沼泽在三国时期被孙权开凿成湖，因为是在宫城的北面，因此被称为"后湖"，相对应的，今天在钟山脚下还存有一方水泊，称为"前湖"。南朝宋元嘉初年，宋文帝继续疏浚湖泊，湖底的淤泥堆积成山，形成了三座小岛：蓬莱、方丈、瀛洲。传说后来湖中两次出现黑龙，所以此处改为"玄武湖"。

历史上的玄武湖水面比现在要大很多，曾有记载说陈后主在玄武湖边上的小九华山阅兵，观玄武湖兵船三千，故玄武湖又有"练湖"的别称。六朝以来，玄武湖一直是帝王的后花园，湖上曾设上林苑，岸边设乐游苑、华林苑。"玄武湖中玉漏催，鸡鸣埭口绣襦回"，南朝齐武帝半夜狩猎，宫女陪伺，夜不寝，朝方归，真是游兴十足。

　　后来北宋王安石新政施行，填湖造田，直到明朝朱元璋年间恢复玄武湖，开凿护城河，慢慢地这才有了三面环山、一面临城的玄武湖。东边是钟山巍峨，南部是富贵山、覆舟山（即小九华山）、鸡笼山（今北极阁附近），秀峰塔倒映其中，古城墙环抱在怀，鸡鸣寺枕柳相伴，476公顷的面积，内有环洲、樱洲、梁洲、翠洲、菱洲五大翠岛碧珠成串，散落其中。

　　游玄武湖，一定要选一个凉爽的夏日。当夕阳西下、暮色渐浓的时候，从玄武门踱进，那迎面而来的场景"轰"的一声让你觉得，这正是隐匿在现代都市中的市井繁华——休闲的人群络绎不绝，遛狗的，放风筝的，划船的，跳舞的，唱歌的，散步的，锻炼的，老人带着孙子，姑娘挽着恋人，呼朋唤友，人声鼎沸，热闹非凡，当年"秉烛夜游"也不过如此吧。和人流一起走在玄武湖的环湖路上，到廊亭栏杆边坐下歇歇脚，或是找块湖边的石头坐着，晚风伴着水汽一阵阵抚在身上，远处南京车站的灯火通明，近处玄武湖的湖水波光激滟。此时脑子里唯有两个字：惬意！

燕子矶的石刻文字

其实未必非要进入园内，玄武湖四周的环湖路绿荫成片，有时候上班的人们还可以骑着自行车环绕玄武湖一周，从太平门出发，玄武门出来，鸟鸣啼空，烟波水汽，烟柳袅袅，想必在这样的路上骑行，连生活和工作都带着玄武湖的烟水汽吧。

燕子矶

燕子矶虽然在"长江三矶"中排于末位，但它的历史和名气却远远超过了其他两位。南京西北面以长江为天然屏障，而燕子矶就是一个绝佳的哨所和瞭望台，是历代兵家的必争之地，也是历代文人骚客抒怀励志之所。

早在三国时期，东吴的孙权和蜀国的刘备就在这里打了几十年的仗，为的就是夺取这一小小的瞭望台。明代开国皇帝朱元璋建都南京后，写下了"燕子矶兮一秤砣，长虹作杆又如何？天边弯月是挂钩，称我江山有几多"的诗句，以燕子矶为秤砣来称量天下，气度不凡。到了清代，乾隆更是五次登上燕子矶，题写御书，以告诫金陵的官员时刻牢记明朝灭亡的教训。而到了近代，燕子矶更是一部南京乃至中国的血泪史，第一次鸦片战争时英军就是在这里登陆南京，随后逼迫清政府签订了丧权辱国的《南京条约》，日本侵华战争中，日军更是在燕子矶附近大肆屠杀南京老百姓，血满江滩。

燕子矶远离市区，在以前要去那里是件很费时的事，而如今坐地铁再转一次公交车，下车后走过一条窄窄的老巷子就到了。燕子矶公园很小，踏着乾隆皇帝的南巡蹬道走上燕子矶的矶顶也花不了几分钟。如果在一个艳阳高照的好天气站在矶顶俯望长江，可以一览长江美景，望着江面上的只只扁舟随江水穿行，缅怀历史长河的历历往事，是一件很惬意的事。

燕子矶的一侧岩壁垂直插入江中，江水常年拍击岩壁，矶石散发着淡淡的红色，在夕阳的映射下格外壮美，故而"燕矶夕照"也成了旧时金陵四十八景之一。现在来燕子矶，登上矶头边的俯江亭便可一览燕子矶的悬崖峭壁，这里也是摄影爱好者拍摄燕子矶夕照的绝佳地点。

莫愁湖

宋代以前，恐怕难以在南京的水西门附近找到莫愁湖的踪迹，放眼望去，应该是汪洋长江，沙洲飞凫。尽管关于莫愁女的民间歌曲如《石城乐》、《莫愁乐》，到后来传说为梁武帝萧衍所作的《河中水之歌》，在六朝时期就开始传唱，但莫愁湖那个时候还仅仅是长江的一部分。随着长江水道的变更，一些江汊变成湖泊，众多湖泊中的一个才成了今天的莫愁湖。

此处古称"横塘"，莫愁湖的名字，从宋代开始。北宋初年乐史编的《太平寰宇记》载："莫愁湖在三山门外，昔有妓卢莫愁家此，故名。"

莫愁是谁？众说纷纭。可以肯定的是，当初乐府传唱、文人诗词所及的莫愁女，出自湖北郢州石城县发生的故事。"莫愁在何处，莫愁石城西。艇子打两桨，催送莫愁来。"慢慢地在传说和文学中，莫愁从楚地来到江南，"定居"在南京这座六朝古都，也许那些关于莫愁的传唱在六朝之都特别盛行，于是莫愁就留在了南京。

关于莫愁的传说，有很多版本。其中一个是洛阳有位勤劳、美丽、善良的女子叫做莫愁，15岁时父亲病死，于是她卖身葬父，被南京的大商人卢员外买回家做儿媳。后来丈夫从军戍边，杳无音信，莫愁在担心丈夫、照顾孩子的同时，还帮助邻里乡亲，但是最终被卢员外诬陷凌辱，于是投湖自尽。人们为了纪念她，把湖易名为"莫愁湖"。

莫愁湖风景兴盛，始于明代。莫愁湖畔的胜棋楼，流传着朱元璋和明朝开国功臣徐达的故事。据说有一日朱元璋和徐达在莫愁湖畔对弈，徐达棋艺高超，但在皇帝面前不敢造次，只得故意输一两步棋。朱元璋也知道属下暗地让棋，于是要他抛开君臣顾忌，使出真本事。谁料下到最后，朱元璋又赢了，他刚要发作，徐达指着棋盘，朱元璋定睛一看，原来一局棋终，棋子正好排成了"万岁"二字。朱元璋转怒为喜，赐下这座胜棋楼。

莫愁湖适合春天到访。现在的莫愁湖水面30多公顷，临水有亭台楼阁，还有传说中莫愁女住的郁金堂、抱月楼、水榭回廊等，波光掩映，饶有别趣，号称"金陵第一名胜"。唯独春天，胜景才在满园的春光里绽放。每年莫愁湖畔海棠花满园，是最好的风景，园内有40多个品种近万株海棠竞相绽放，成为南京人邂逅春天的征候。

莫愁湖中的莫愁女塑像

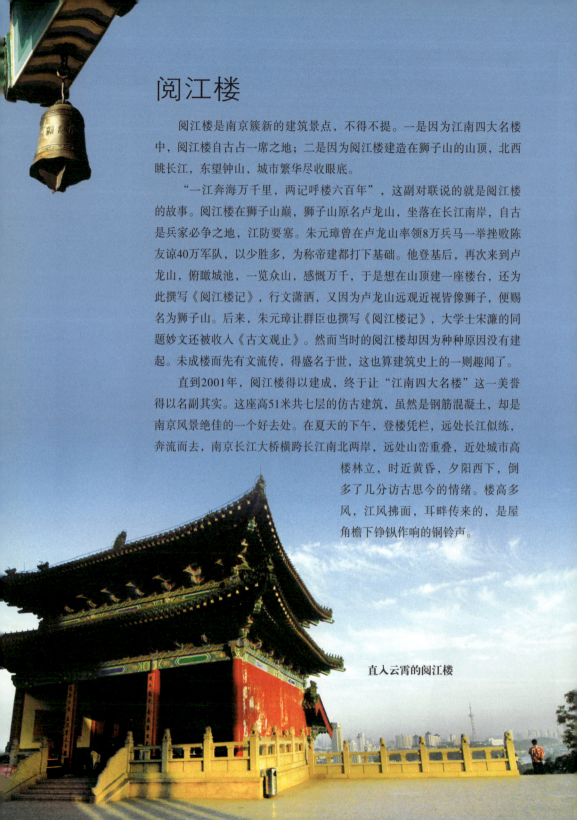

阅江楼

　　阅江楼是南京簇新的建筑景点，不得不提。一是因为江南四大名楼中，阅江楼自古占一席之地；二是因为阅江楼建造在狮子山的山顶，北西眺长江，东望钟山，城市繁华尽收眼底。

　　"一江奔海万千里，两记呼楼六百年"，这副对联说的就是阅江楼的故事。阅江楼在狮子山巅，狮子山原名卢龙山，坐落在长江南岸，自古是兵家必争之地，江防要塞。朱元璋曾在卢龙山率领8万兵马一举挫败陈友谅40万军队，以少胜多，为称帝建都打下基础。他登基后，再次来到卢龙山，俯瞰城池，一览众山，感慨万千，于是想在山顶建一座楼台，还为此撰写《阅江楼记》，行文潇洒，又因为卢龙山远观近视皆像狮子，便赐名为狮子山。后来，朱元璋让群臣也撰写《阅江楼记》，大学士宋濂的同题妙文还被收入《古文观止》。然而当时的阅江楼却因为种种原因没有建起。未成楼而先有文流传，得盛名于世，这也算建筑史上的一则趣闻了。

　　直到2001年，阅江楼得以建成，终于让"江南四大名楼"这一美誉得以名副其实。这座高51米共七层的仿古建筑，虽然是钢筋混凝土，却是南京风景绝佳的一个好去处。在夏天的下午，登楼凭栏，远处长江似练，奔流而去，南京长江大桥横跨长江南北两岸，远处山峦重叠，近处城市高楼林立，时近黄昏，夕阳西下，倒多了几分访古思今的情绪。楼高多风，江风拂面，耳畔传来的，是屋角檐下铮钚作响的铜铃声。

直入云霄的阅江楼

南朝四百八十寺

　　"南朝四百八十寺，多少楼台烟雨中。"晚唐诗人杜牧笔下的六朝都城建康，给世人留下钟磬声声、烟火缭绕，念佛诵经、鱼鼓频敲不绝于耳的印象。高僧法会，机锋道场，善男信女们在诸多寺庙里川流不息，当时的南京作为通都巨邑，自然成为伽蓝圣地，建初寺、长干寺、乌衣寺、瓦官寺、栖霞寺、开善寺等等，寺庙甚夥，不一而足。

　　如今来南京，一定要去号称南朝四百八十寺之首刹的鸡鸣寺。鸡鸣寺在鸡笼山之东，这座仅高62米的山头，因为山体浑圆像鸡笼而得名。山头寺庙，与钟山遥遥相对，下临玄武湖，远眺南京城，是隐于城中的一处风景。不必说那每年新年的鸡鸣寺烧头香、观音生日拜观音、腊八节讨腊八粥，都融入了老南京人的生活中；单说那春暖花开，从北京东路一路走来，两旁的高大水杉初生茸毛般的新绿枝叶让人看了就已满心欢喜。北极阁下来顺着北京东路，可以看到成片如云的樱花，一直延续到鸡鸣寺山脚下，这条台城附近的小路，两旁都是吉野樱，也只在春天里的那几日，凑巧有几天晴好，很多人慕名前往鸡鸣寺赏樱。南京的春天总是匆匆而来，草草而去，也让这些纷纷开且落的樱花胜景显得格外的短暂。

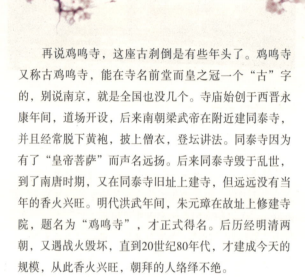

天晴时，很多人慕名前往鸡鸣寺赏樱。

再说鸡鸣寺，这座古刹倒是有些年头了。鸡鸣寺又称古鸡鸣寺，能在寺名前堂而皇之冠一个"古"字的，别说南京，就是全国也没几个。寺庙始创于西晋永康年间，道场开设，后来南朝梁武帝在附近建同泰寺，并且经常脱下黄袍，披上僧衣，登坛讲法。同泰寺因为有了"皇帝菩萨"而声名远扬。后来同泰寺毁于乱世，到了南唐时期，又在同泰寺旧址上建寺，但远远没有当年的香火兴旺。明代洪武年间，朱元璋在故址上修建寺院，题名为"鸡鸣寺"，才正式得名。后历经明清两朝，又遇战火毁坏，直到20世纪80年代，才建成今天的规模，从此香火兴旺，朝拜的人络绎不绝。

鸡鸣寺，可与台城同访。从寺中下来经解放门走进玄武湖，移步换景，在一个烟雨天，看湖上堤柳，听暮鼓晨钟，让心灵在洗礼中沉静。

兜率寺寻踪

金陵还有彼处幽静的地方。

兜率寺以不筑围墙、不设山门、不建大殿为著，绕进山路，便直抵寺门。我第一次去位于江北狮子岭脚下的兜率寺，进山的时候，已是下午三点，山里头阴晴恍惚，头顶上方的枝头，黑色的枝桠都浸润在玫瑰色的氤氲里。路一转，有一亩倚山而耕的茶园，想必这些在杯盏中舒卷着的茶叶，也沾染了佛家的香烛味道。

兜率寺的前身是狮子岭道场，始建于明末，清光绪年间才改为寺。"兜率"二字出自佛经"兜率天"，是梵语的音译，意思是知足、喜足、妙足、上足等。这里是南京极为难得的一处安静的小寺，山体环抱，苍树蓊郁，经堂后面的几棵大香樟，估计也听懂了修忍真谛。最重要的是，这座寺庙的人烟在若有若无间。相比栖霞鸡鸣，兜率寺可谓径寒庭稀，但它分明有一股子俗家人烟气，可谓修行即生活，生活即修行。清规戒律那是自欺欺人，唯有与世间自然物我相看，拈花微笑，诸障皆无。几只散养的芦花鸡，一只呆头石狮造像，越发衬托出寺庙的散淡。

整座寺庙清幽寡静。寺庙题词俱为寺中法师所题，字圆融可喜，朴拙简淡，倘若再俏皮些，就有点朱耷稚趣的味道。有一方对联贴在正门的枣红旧木板上，木板本是旧的，许是近些年上过新漆，油光可鉴。"照以智慧光，破诸烦恼障。"如同当头棒喝，似乎想让众生庸民急趺趺地拜倒在佛门之前豁然顿悟，但隔壁的对联又峰回路转，上书"素壁淡描三世佛，瓦瓶香浸一枝梅"，言以明志，我们似乎能想象到老住持写下这两句联的时候，嘴角微翘，双眼眯起，流露出勘破富贵生死名利的微笑，什么佛法，什么轮回，当下唯有冷香俏梅一枝，即便是修行世界，也不过如此。

灵谷寺的桂花

南京人喜欢赏花。春天去莫愁湖看海棠，去鸡鸣寺赏樱花；夏天玄武湖荷叶田田，荷花袅袅；秋天灵谷寺桂花满山，香飘万里；冬天梅花山上梅花绽放，暗香浮动。每年夏秋之际，灵谷寺的桂花节都会迎来一拨又一拨踏花寻芳的游人。

在中山陵风景区的东面，有一座来头不小的寺庙，其历史可以追溯到南朝梁天监年间，当时整个钟山宝刹成林，僧释往来，钟磬绕林，鼎盛时大大小小的寺庙有70余座，所以当时的梁武帝为了安葬名僧宝志，特在这块佛教圣地上选址，建立开善寺，规模宏大，被誉为"钟山第一禅林"。后来历经变革，在朱元璋建明孝陵时，把寺庙从原来的位置迁徙到现在所在的地方，合蒋山寺、宋林寺、竹园寺、志公塔、宋熙寺、悟真殿等为一体，赐匾"第一禅林",从此此处即称"灵谷寺"。

又经历年战乱毁坏,在原址上重修,咸丰年间,仅存无梁殿一座,曾国藩在无梁殿东侧修神龙庙,1928年民国政府在灵谷寺旧址上建立阵亡将士公墓,解放后公墓与神龙庙合并,就形成了今天灵谷寺的规模。

灵谷寺有二宝,一个是寺内玄奘法师纪念堂珍藏着的玄奘法师顶骨,另一个就是灵谷寺的无梁殿。无梁殿是明朝洪武十四年(1381年)建,600多年的风雨过后,无梁殿仍然保存完好。整座建筑用古代石拱桥的筑造方法以巨砖搭建而成,不费寸木寸钉,阔5间,进深3间,从外观上看,找不到一根梁柱。内部呈券洞穹顶结构,外部有仿木建筑的斗拱,并设门窗。

其实老南京对灵谷寺最为称道的,还是那上千亩的桂花。灵谷寺附近植桂的历史可以追溯到南宋年间,民国时期大规模种植桂花至今保留下来的有3000多株,现在灵谷寺附近有桂花上万株,形成一条"桂岭"。而在灵谷寺无梁殿北侧的"桂花王",据说是朱元璋当年修建禅林时亲手栽种的。每年灵谷寺的桂花都在白露前后成片开放,"灵谷寺的桂花开了"便成为某一天街头巷尾市民小报的头条新闻。

春牛首、秋栖霞

秋日南京,除了到石像路去踏遍地黄叶,还可以上栖霞山赏枫。栖霞山的枫叶和灵谷寺的桂花一样,成为南京气候变化的一个标志,成为报纸上、巷陌里人们的趣谈。

出了南京城,往东北行20余公里,就能看到栖霞山。栖霞山得名于南朝时在此处建的栖霞精舍。山不算高,海拔300米不到,名胜古迹却很多,栖霞寺、南朝千佛岩石刻、舍利塔、东飞天石窟等等,更有历代名人留下的题字石刻,让栖霞山成为很多南京人心驰神往的地方。

"牛首烟岗"曾是南京有名的风景之一

栖霞山有栖霞寺

栖霞山最为人称道的，还是满山的红叶。秋高气爽的时候，来栖霞山寻秋看红枫，是很多老南京人每年必修的功课。一场秋雨一场凉，几阵秋风秋雨刮过，栖霞山的枫叶就该红了。挑一个秋日暖阳的好日子登栖霞山，那些深浅不一的枫叶，在阳光的投射下散发着迷人的色彩，如油画一般，层林尽染的美景尽收眼底。阳光在枫叶上跳跃着，让人忍不住拾起一枚零落的枫叶夹入书中。

栖霞山观枫叶的最佳位置有霜红苑、桃花扇亭、桃花湖、话山亭、碧云亭、红叶谷、枫林湖、桃花湖至碧云亭沿线、天开岩至陆羽茶庄沿线。届时红枫成云，落英缤纷，霜叶红于二月花。

值得一提的是古刹栖霞寺。每年除夕夜，老南京们多去寺里烧头香。去的一般是玄武湖畔的鸡鸣寺、城中梅园隔壁的毗卢寺，还有就是栖霞山脚下的栖霞寺。栖霞寺建于南朝齐永明七年（489年），中有大雄宝殿、毗卢殿、藏经楼，绕到寺后，还有六朝碑刻、千佛岩、舍利石塔。近年又修建了崇光塔，里面供奉的是在大报恩寺地宫发掘的阿育王塔里的佛顶骨舍利，极其珍贵。

栖霞寺举办红枫节的时候，人们总忍不住会心一笑。本是佛家净地，却搭建唱台，辟出空地，供游人聚餐、游乐、玩耍、闹腾。高音喇叭的广播，能从早响到晚。游客鼎盛，香火不断，供奉者夥。生活亦是一种修行，芸芸众生，自得其乐，佛祖也不会怪罪吧。

"春牛首，秋栖霞"，这是南京的一句古话，踏春寻秋，莫辜负了大好时光。由于地理位置和气候的原因，南京的春、秋二季相对其他城市来说特别短暂，所以人们格外珍惜春意融融和秋高气爽的日子。秋天，自然是去栖霞山看秋叶，而春天则是去南京南郊的牛首山踏春。

牛首山踏春的习俗大概从明清开始就有了，牛首山桃花遍地，间之黄色的迎春花、白色的绣球花，映衬着绿油油的新叶，山间浸润着春天泥土的芬芳，"牛首烟岗"曾是南京有名的风景之一。如今的牛首山森林公园，包括了牛首山、祖堂山、天幕岭、隐龙山等一片山区，里面有牛首山古塔、郑和墓、岳飞抗金故垒、观音洞等，还有一处遗迹，即南唐二陵。

南唐二陵在祖堂山西南山脚下，是五代时期南唐开国皇帝李昪与中主李璟的陵墓。位置幽静，草木葱茏，是一处访古探幽的好地方。

说到牛首山，很有必要提到髡残（石溪）和尚，他是明末清初"四僧"大画家之一。中年时定居南京大报恩寺，后迁居牛首山幽栖寺，度过了后半生直至病逝。扬州有"石涛纪念馆"，南昌有"八大山人纪念馆"，安徽歙县有"渐江纪念馆"，"四僧"中唯独髡残还没有纪念馆，倘若要兴建的话，牛首山倒是首选。

红枫岗

南京观红叶还有一个好去处，那就是红枫岗。红枫岗就在东郊紫金山下，但不知道的人却难以找到它，因为红枫岗并不是一个旅游景点，而是中山植物园里的一个小土坡。红枫岗四周植满枫树、槭树，到了秋天，浓郁的树枝交织在一起就像一张彩色的大网，网住了头顶上方的天空。无数"色友"总是提前一个月就开始关注红枫岗的红叶，因为红枫岗最美的时刻也就是那么几天，这也是长枪短炮最宜"出洞"的日子。

中山植物园绝对值得在周末闲暇之余过去游玩。从白马公园顺着道蹀进山里，路经紫金山索道入口、栈道，再是被城墙和紫金山环抱着的前湖、琵琶湖、廖仲恺和何香凝墓，两旁都是高大的梧桐树，走上半个小时（20路公交车可以直达）就能到达中山植物园门口。

中山植物园建于1929年，面积186公顷，分南北园，南园为近年新辟。红枫岗就在北园。除了看枫叶，春天的时候可前来赏花，遍地的紫色二月兰、洋水仙，还有成片的郁金香，以及蔷薇园里各种纷纷吐蕾绽放的蔷薇科植物；夏天来植物园避暑，水杉林里郁郁苍苍，清凉绿意一扫夏日炎热；秋天看红枫岗红叶满地，摄友如织；冬天就钻进植物园的温室花房，去认识那些珍奇植物。植物园一年四季都能让人心旷神怡，怪不得有人说，中山植物园就像"南京人的后花园"。

秋天的红枫岗，浓郁的树枝交织在一起就像一张彩色的大网

民间

在元宵节这天，买上一只大红的荷花灯，点上一小段蜡烛，走在夜色里，是一件极"拉风"的事情。

南京大牌档

盐水鸭和鸭血粉丝汤

南京人喜欢吃鸭子。街头巷尾，人们排着队买着几样东西：鸭油烧饼、桂花鸭；或者踱进店堂，来一碗热腾腾的鸭血粉丝汤。一只鸭子从外吃到内，吃了个满嘴流油。

南京的盐水鸭，最为著名的是桂花鸭。第一次听到桂花鸭的人，肯定会把鸭子和桂花飘香联系起来，直到下筷子的时候才会发现，翻来拣去一朵桂花都难以寻见。吃桂花鸭相传在南京已有上千年的历史，桂花鸭即盐水鸭，这种鸭子肉白皮嫩、肥而不腻、味道鲜美，用特制的盐水卤成。因为制作盐水鸭的季节多是在八月桂花盛开的时候，所以便把这种盐水鸭叫做"桂花鸭"。据书上记载："金陵八月时期，盐水鸭最著名，人人以为肉内有桂花香也。"现在很多饭店推出这道菜，煞有介事地在鸭子旁边摆上几朵桂花，老南京人一看便笑其外行了。

桂花鸭成了南京的特产，如果要吃正宗的盐水鸭，推荐去韩复兴、绿柳居这些百年老店购买新鲜烹制的鸭子，或者去街头巷尾、菜场里的小店，跟店主说："老板，斩点鸭子来。"老板便会麻利地整出一碟盐水鸭，比起真空包装的，这鸭子才是下酒的好料！

除了盐水鸭，南京的鸭血粉丝汤也非常有名。一碗热滚滚的鸭汤，下入口感筋道的粉丝，浇上鸭肠、鸭肝，再来些萝卜丁、香菜头，配上一屉鸡汁汤包，真是百食不厌的美味。我有一位朋友，每次都从30公里之外的地方大老远驱车过大桥，又历经各种塞车，为的就是到湖南路上的回味老店喝一碗热腾腾的鸭血粉丝汤，可见这鸭血粉丝汤的魅力有多大！

如果这些都尝过了，不妨到韩复兴这样的招牌老字号里，排队等上几只鸭油烧饼。这拿到手上还冒着热气的烧饼，可甜可咸，香酥可口，正是解馋小点。

雨花石

南京有个雨花台，不知从何时开始，以讹传讹，这雨花石也成了南京的特产，曾几何时，夫子庙附近那些旅游小店家家户户都在卖雨花石。很多没有来过南京的外地游客，一度以为在今天的雨花台就能拾到雨花石，这显然是被传说搞混了。虽然在雨花台拾不到雨花石，但雨花石作为南京特产，和雨花台还真有着千丝万缕的联系。

古称雨花台为"聚宝山"、"玛瑙岗"，正是因为雨花台附近产五彩石头。从南朝梁开始，就有雨花石的传说，把雨花石的来历牵强附会到当时的云光法师身上，说的是法师登坛讲经，感动上苍，于是天花降落人间，形成了雨花石。还有一种说法是雨花台上有一座道观叫做雨花观，道观里有一位雨花真人，也是在登坛宣道的时候，降下五彩天雨，落地为石。不论传说如何，都说明了这雨花石是天赐之物。

其实，雨花石产于南京附近的六合、江宁、江浦等地，现在这些地方也属于南京所辖。除了六合，还有扬州地区的仪征，也是雨花石产地。雨花石是一种天然形成的花玛瑙，其质、形、纹、色、呈象、意境六美兼备，被赞誉为"天赐国宝，中华一绝"。

《红楼梦》中，贾宝玉衔石而生，书中记载他嘴里含的那块五彩晶莹的玉"大如雀卵，灿若明霞，莹润如酥，五色花纹缠护"，很多人认为这块玉就是雨花石。

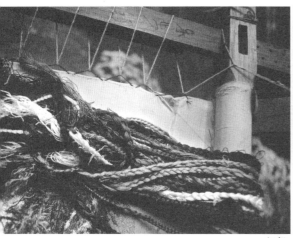

织机　　　　　　　　　　　　　　　　花灯

云锦

　　"江南好，机杼夺天工，孔雀妆花云锦烂，冰蚕吐凤雾销空，新样小团龙。"明末诗人吴梅村描绘云锦，巧夺天工，如天上祥云、地上孔雀，说的就是南京云锦。

　　直到清代道光年间，这种专门进贡皇家内府的锦缎，才被称作云锦。当时苏州有云锦织所，生产库锦、库缎、妆花之类，用料无比考究，织法繁密，装饰繁复，图案寓意吉祥典雅，色彩瑰丽，与天上五彩云霞交相辉映，于是这种皇家专用的锦缎就称为云锦。

　　南京生产云锦，已有1580年的历史，与成都的蜀锦、苏州的宋锦、广西的壮锦并称"四大名锦"。云锦特别冠之南京，是因为到了现代，只有南京能够生产这种传统老式纹样花色的锦缎，所以云锦成为南京的工艺美术精品特产。

　　在南京建邺区茶亭东街，有一所云锦博物馆，在这里能够看到云锦的织机和纺织过程，除此在南京博物院也能看到有关云锦的手工流程和作品展览。而在鼓楼附近北京东路上的工艺美术品大楼，买上一方云锦作为馈赠礼品，是一件雅事。

花灯

　　南京有个习俗，那就是正月去夫子庙观花灯、赏花灯、买花灯。有句俗话是这样说的："过年不到夫子庙观灯，等于没有过年；到夫子庙不买盏灯，等于没过好年。"每年春节、元宵期间，夫子庙的灯市总是人头攒动，摩肩接踵。灯会一般在大年初一正式开幕，但过小年（腊月二十八）的时候就开始上灯了。江南贡院、秦淮河赏的是大型的花灯，还有近百个摊子，卖的是各式花灯。这样的热闹一直要持续到元宵节。元宵节这天，简直就是人声鼎沸，家家户户都去夫子庙凑热闹，赏花灯，或者去城墙上爬城墙，"蹓太平，祛百病"。

夫子庙的花灯，最为著名的是荷花灯。荷花灯从朱元璋钦点落户，到如今在南京灯市上独领风骚，已经有600多年历史。荷花灯寓意吉祥，代表着"和和美美"、"连子连孙"。荷花灯制作逼真，一只上好的荷花灯，灯肚上围着两层荷花瓣，荷花瓣还带着褶子，造型饱满，粉白的莲藕，绿色的莲蓬，再配上几枚荷叶。把灯刚买回来的时候，怕人多被挤坏了，于是把莲藕、莲蓬、荷叶都折进灯肚里，很是可爱。在元宵节这天，买上一只大红的荷花灯，点上一小段蜡烛，走在夜色里，是一件极"拉风"的事情。

南京白局

如今想要听南京白局，也并非难事，甘熙故居就有定期的南京白局演出。说起南京白局，这就不得不提南京方言。顾名思义，南京白局就是用地道的南京白话唱的戏，一般人还真听不懂，甚至如今年轻的南京人也未必能听得懂南京白局里的唱词念白。南京方言是属于北方江淮官话的一种，但是却吸收了各地方言的特征，这是和南京的历史分不开的。

在明朝的时候，南京方言是作为官话的。但是现在，南京话随着全国经济、政治中心的改变，已成为方言，即地方性语言。作为南京唯一的老曲种，用南京话唱的南京白局已经有600多年的历史，从明代开始，伴随着南京的织锦业兴盛衰落，这种最初由织锦工人伴随着劳动时候唱的俚曲，因为南京味道十足，渐渐地从织造机器边传播开来，茶馆、餐馆、澡堂、理发行都能听到南京白局。

为什么叫"白局"？这是因为最初织锦工人唱的时候，每唱一次就叫做"摆一局"，再加上本身这种俚曲是从南京附近的六合农村的吹打班子而来，这种农村吹打杂糅了苏南、苏北的各种小调，甚至还有秦淮河畔歌妓的雅调，所以又叫"百曲"，这一谐音，就成了"白局"。白局以元曲曲牌中的"南京调"为古腔本调，此调又称"数板"或"新闻腔"，在织工的传唱下，形成了独特的艺术曲种。

南京白局

苏州人文地理

SUZHOU RENWEN DILI

往事

> 说起苏州，人们早已忘掉干将莫邪的寒剑血溅，深印脑海的，唯有婉转柔软的吴音，还有富贵繁华里酝酿出来的文雅风流。

吴门清韵

说起苏州，不敢轻易下笔。

都说"上有天堂，下有苏杭"，天堂哪里有苏州这般活色生香？

还说苏州是"东方水城威尼斯"，威尼斯哪里有苏州这2500多年的历史源远流长？

借《红楼梦》里之说，苏州城"最是红尘中一二等富贵风流之地"，这里山温水软，人杰地灵，既有繁华市井，也有小巷清幽。想起苏州，只觉得迎面而来的是江南三月杏花春雨，是人家尽枕碧波小河，是壶中天地山水园林，是甜糯耳边吴侬软语。苏州城在现代化进程中桥改路，水改道，舟改车，即便如此，那些梦里水乡，黛瓦粉墙，依旧映射着老苏州的影子和旧日时光。

灰白的墙、墨绿的水、"咿呀"作响的小木船，映射着老苏州的影子

苏州古为勾吴国之地。公元前11世纪商代末年，吴王诸樊把都城从无锡梅里迁到这里；公元前514年，吴王阖闾委派伍子胥建一座大城，为的是军事上的铺垫，这座阖闾大城，苏州人一直坚信不移地认为就是苏州。苏州旧称"姑苏"，这姑苏就是"姑胥"的谐音，纪念的就是这位开城功臣伍子胥；虎丘上的离宫葬下吴王阖闾，阖闾和这座城市结下不解之缘。于是传说中的吴堵阖闾大城，苏锡常三地，开始陷入史料和考古的争论，因为有一部分学者从考古角度把常州武进雪堰和无锡胡埭乡湖山村之间的地方作为阖闾城。不管如何，苏州是中国现存最古老的城市，这也是铁板钉钉的事实。

苏州古称句吴、吴、会稽、吴州、吴郡、平江等，诗中常常出现的"吴门"、"东吴"、"姑苏"、"长洲"、"茂苑"，也都指这块地方。在秦始皇实现"大一统"的时候，苏州是以"吴县"为名，当时吴县为会稽郡的郡首邑，"吴"和苏州结下几千年的不解之缘，提到"吴文化"，言必称苏州。后来秦末西楚霸王项羽起兵于吴，三国的时候，孙权雄踞于此，南朝时此地设为"吴州"，后来隋代始称"苏州"，宋代苏州又升为"平江府"，元代"府"改为"路"，在明代又改回"苏州府"，"苏州"这个名字便一直沿用至今。

苏州的"吴文化"显然是不可置否的正宗大家，尽管其发源地在隔壁的无锡梅村，然而却是在苏州这块土壤里生根发芽直到壮大。而"吴文化"最初并不是我们现在所理解的"醉里吴音相媚好"那般轻酥温软，也不是吴中昆曲水磨腔一般婉转绮绻，更不是吴门画派这般意趣深厚，最初的吴文化，是"操吴戈兮被犀甲，车错毂兮短兵接"，是"男儿何不带吴钩，收取关山五十州"，吴地的宝剑铠甲，兵法奇招，才是吴地最初"尚武"之风的文化代表。按照春秋时期的说法，吴国虽然由中原而来的宗国后裔统治着，但是他的国民可都是当地荒蛮远夷，好勇善战，视死如归，崛起于东南之角，西征楚，北伐齐，南服越。苏州市的西南方，有一座穹窿山，这是"吴中第一山"，江南的秀山丽水孕育出的，是"死生之地，存亡之道"的《孙子兵法》。

吴文化的最初，是一部刀光剑影的纪录片，直到六朝之后，吴地经济迅猛发展，经济的富庶给人们带来的是生活的安逸，于是吴地民风渐渐从骁勇转向温婉，从刚毅转向精致，吴风、苏式渐渐成为精致上层生活、品味雅趣的代名词。说起苏州，人们早已忘掉干将莫邪的寒剑血溅，如今深印脑海的，唯有婉转柔软的吴音，还有富贵繁华里酝酿出来的文雅风流。

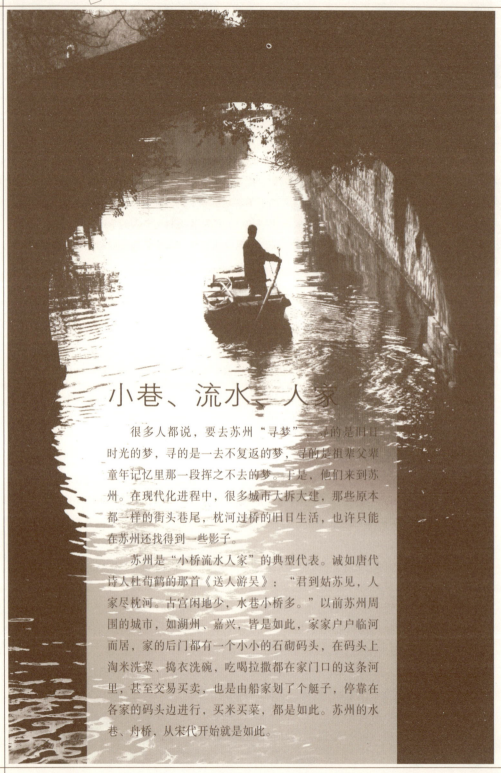

小巷、流水、人家

　　很多人都说，要去苏州"寻梦"，寻的是旧日时光的梦，寻的是一去不复返的梦，寻的是祖辈父辈童年记忆里那一段挥之不去的梦。于是，他们来到苏州。在现代化进程中，很多城市大拆大建，那些原本都一样的街头巷尾，枕河过桥的旧日生活，也许只能在苏州还找得到一些影子。

　　苏州是"小桥流水人家"的典型代表。诚如唐代诗人杜荀鹤的那首《送人游吴》："君到姑苏见，人家尽枕河。古宫闲地少，水巷小桥多。"以前苏州周围的城市，如湖州、嘉兴，皆是如此，家家户户临河而居，家的后门都有一个小小的石砌码头，在码头上淘米洗菜、捣衣洗碗，吃喝拉撒都在家门口的这条河里，甚至交易买卖，也是由船家划了个艇子，停靠在各家的码头边进行，买米买菜，都是如此。苏州的水巷、舟桥，从宋代开始就是如此。

在水边散步的母子

　　保留至今的南宋绍定二年（1229年）李寿明刻绘的《平江图》，是对苏州"缘波东西南北水，红栏三百九十桥"最好的反映。这幅高2.48米、宽1.46米的宋代苏州城市地图，上面绘有城墙、护城河、府院县衙、寺院、亭台楼阁、桥梁坊肆等各种建筑标志。据统计从这幅《平江图》上来看，当时苏州的大小桥梁有300座之多，有名有姓的桥梁就有285座；河道20条，河道又分运河、护城河、城河，纵有6条，横有14条；除此还有湖、荡、江、塘、湾、池等各种水系。真是名副其实的"水乡"。

　　丰富的水系，四通八达的河道，不仅为城市带来用水的便利，同时还可以排水蓄水，江南雨季漫长，雨量较多，连通四方的河道可以防止城中水涝，同时还可以排出生活污水，带来"流水不腐"的活水，城市里的人们靠水吃水，都带着点氤氲的水汽。当年伍子胥造苏州的时候，相土尝水，为阖闾大城设定额八座陆城门，与其他城市不同的是，苏州还有八座水城门。这种"水陆并行、河街相邻"的双棋盘格局，"三纵三横一环"的河道水系，奠定了苏州城的特色。

　　于是，苏州的繁华便在水泽中升腾起来。商肆兴隆，是和家家户户门口这条水河分不开的。一直到20世纪中叶，苏州仍然保留着传统的水上商贩模式。单桨的小艇小舟，装满了柴米油盐酱醋茶，装满了新鲜的瓜果蔬菜。随着船夫的吆喝声，船儿从河里划过，需要的人家喊一声，小船就停靠在私家的小码头上，一桩买卖就这样得了。而没有小码头的人家，则从窗户上用绳子放下一只吊篮，让船家把东西放进来，再把篮子收回来，取了东西再放入银钱给小贩。

不过，真正的苏州大户人家，是不靠河岸生活的。那些深宅大院，都隐居在小巷的尽头。河旁边的房屋，都是楼上住家，楼下作坊，小本生意，小日子。只有在苏州那些里弄深处，才会有高屋建瓴的大宅院，住着一等一的富贵人家。

苏州小桥多，小河多，小巷也多。20世纪80年代，在改革开放的春风刚刚吹入这座古城的时候，苏州仍有上千条小巷、里弄。有的宽，可以走八抬大轿；有的窄，窄到只能一人侧身而过。苏州的小巷里有青石板，有朱栏碧瓦，有高高的粉墙，还有戴望舒《雨巷》里的油纸伞、丁香花。除了丁香花，苏州小巷里，茉莉花、栀子花、白兰花、银桂花，这些散发着幽幽香味的花朵都成了常客。栀子花买回家是放在海碗里用水养着的，茉莉、白兰则是用来埋在茶叶里窖花茶的。

小巷里，有茶馆酱园，有卖糖粥、馄饨、豆花的梆子，有咿咿呀呀的琵琶声、吹打声、吴调唱腔声，这些，是苏州往事不可磨灭的记忆，也是每一个来苏州寻梦的人所要的记忆。

苏州老街

有位朋友，是地道的苏州人，网上昵称取了个名字叫做"旧学前"。一度很不解，这"旧学前"是个怎样的概念，直到我在苏州，发现了旧学前这处地方，才恍然。研究过苏州的地图，想来苏州大概是全国拥有诗情画意地名最多的城市之一。桃花坞大街、百家巷、百狮子桥、梅家桥弄、天官坊、祥符寺巷、大儒巷、憩桥巷、北局、宫巷……这些巷弄似乎每一处都能讲出一个故事，光是名字就让人觉得各有历史。

要说如今的苏州老街，当属**观前、山塘、平江**。

观前街对于苏州来说，是市井，是商肆，是繁华。观前得名于玄妙观。就像刚刚提到的"旧学前"一样，苏州人喜欢用"前""后"放入地名，比如宝莲寺前（古宝莲寺在此）、司前街（旧时司狱司署在此）、旧学前（长洲县学原在此，后搬迁，所以叫"旧学"）、皇宫后（在万寿宫后，万寿宫又称旧皇宫）。玄妙观是一座"大隐隐于市"的道观，从南宋时候的《平江图》上就可以看到，这座始建于西晋的道观1700多年来一直处于这座古城的商业区的中心地带。道观里面香火缭绕，道观外面商贾利来利往，什么世外高人、道中隐者，在这都成为观前街上的路人甲，淹没在滚滚红尘之中。也许这也是玄妙观的"玄妙"之处。什么神仙，什么三教，在天堂般的苏州走一遭繁华，也是修行，也是福报。

玄妙寺外的观前街，更像一处老字号的集中地。广义上说观前街，是包括观前街、施相公弄、太监弄、宫巷、观巷、碧凤坊、大成坊、东西脚门、洙泗巷等方圆1~2公里之内的步行商业区。以前的观前街是条石板街，走上去笃笃作响，东头安静，多是钱庄银楼；西头热闹，珠宝绸缎琳琅满目。如今游者眼里的观前街，则是集中采购老牌苏州特产的好去处，这更让外地的游客觉得像小商品市场兼美食街。比如采芝斋的各式粽子糖、蜜饯、零食小点，叶绥和的云片糕、豆腐干，稻香村和黄天源的什锦糕团、酥点，陆稿荐的蜜汁酱鸭、酱肉，生春阳的火腿。不论是松鹤楼、得月楼这些数一数二的苏菜名店，还是朱鸿兴的面条、绿杨的馄饨，总之在观前街上一游，又吃又买，不说味道，单凭这些名号的来头，都让人觉得百年老店的故事不少。

到苏州游玩，还有一条老街不能错过，那就是"七里山塘"。"居货山积，行云流水，列肆招牌，灿若云锦，语其繁华，都门不逮"，说的就是旧时阊门内外的南濠、西中市、上塘、山塘这些市肆商贾繁华之地。山塘街东起富贵风流之地的阊门渡僧桥，西至吴中第一名胜虎丘望山桥，有"七里山塘到虎丘"之说。最初是由白居易主持开凿成一条山塘河，河的北岸兴修道路，就成了山塘街。唐代宝历二年（826年），白居易从杭州调至苏州任刺史，这位大诗人在杭州看惯了"最爱湖东行不足，绿杨阴里白沙堤"，到了苏州也兴修交通，疏浚水陆，这才有了连乾隆下江南之后都念念不忘的"山塘寻胜"。后来人们在此还修建了白公祠，又把山塘街称为白公堤。用白居易自己的诗来形容，山塘便是"自开山寺路，水陆往来频。银勒牵骄马，花船载丽人"。

夜晚的山塘

游山塘，建议晚上前来。这倒让我想起另一处值得夜游的地方——浙江嘉兴的西塘。也许是因为有了塘，便有了水，有了河，有舟有桥，有沿河的人家，有临水的长廊，于是在晚上挂着红灯笼，映着水波，那些古旧的房子虽说是近几年新修葺的，但也秉承江南风味，月色朦胧中，霓虹泛波，慢橹轻摇，舟声荡漾，在观景游船上品一壶茶，听几句苏州评弹，半塘笙歌，山塘昆曲。饿了，就到山塘街上的小吃店里吃些苏式夜宵。当然还有夜蒲酒吧，如今但凡这些江南小镇，诸如乌镇、西塘，都会有文艺青年出没的酒吧林立，热闹喧嚣是少不了的。

　　如果只想领略老苏州的感觉，那就在山塘街上闲逛即可；如果想了解一些苏州的故事、山塘的故事，那买张门票去参观那些会馆博物馆古宅也未尝不可。最后要提醒的是，虽然山塘街能通往虎丘，但是不要试图徒步过去，因为这段距离比想象中要远得多。

　　假使白天想选一条苏州老街闲逛，那非平江路莫属。山塘街似乎多了一些金粉气，平江路则有点像大家闺秀。《平江图》上，古名"十泉里"的平江路是苏州东城的主干道。其实苏州的很多老街巷弄都湮没在城市建设中，好在平江路被保留下来。以平江路为中心，附近还有一些水巷，可窥见老苏州城的水乡模样。

　　平江路离观前街不远，从观前街向东穿过大儒巷，就到了平江路。平江路南起干将东路，北至白塔东路，再往北走上一段，就是拙政园和苏州博物馆。从观前街到平江路再到博物馆，正如人生三种境界，青年时期的快意喧闹鼎沸嘈杂，中年时期的质朴淳厚风雨历练，老年时期的悠闲淡雅沉淀怀念。

　　平江路上老宅多，转角便是。想必无需用过多的笔墨去描述从旧日光景里延续下来的古宅风貌，那些青砖瓦白粉墙，木栅栏花格窗，斑驳脱落的墙体，缺瓦少角的屋顶，老房子的角落里兀自生出一些不知名的植物，添了些许生气。这些老宅，有些依旧住着人家，有些改造成创意特色小店。游平江路，需要趁早。清晨，游人不多的时候，信步闲散，看到了早起晨练的当地人，看到了上菜场的老奶奶，看到了早点摊头的热气腾腾，还有早市上卖水菱鸡头米的挑子，再驻足听听他们吴音媚好、软语柔词的家常话，这才算领略了苏州宁静、恬淡的味道。

　　平江路上有昆曲博物馆、评弹博物馆，还有各种会馆、故居，以及非常不起眼、但倘若寻见便会心生诗情无限的丁香巷。如今的平江路，也可冠上"小资生活"之名，这得益于平江路上的茶馆、酒吧，还有各式有趣的杂货铺，就连拐角的书店，也有一个非常诗意可爱的名字——"猫的天空之城"。平江路上还有两家提供"慢递"服务的明信片店，在这你可以选上一张心仪的明信片，标上想要寄出的日期，那么收信人将会在未来的某天收到你的祝福，觉得格外的浪漫吧？

人文

那次，是划船的老船夫，用地道的吴语，给我们吟"月落乌啼霜满天，江枫渔火对愁眠。姑苏城外寒山寺，夜半钟声到客船"。

夜半钟声寒山寺

十年前第一次到苏州，下了火车站，乘公交车，然后又和朋友冒雨坐了一辆人力三轮，才辗转抵达寒山寺。大雨滂沱中的寒山寺空无一人，唯独我们俩拎着湿透的鞋子，光着脚丫踩着寒山寺的石板路，在寺院里游逛。至今记得，被大雨浇过的寺墙鲜黄，寺院内外的古木松柏被风雨吹得东倒西歪。就在我们呆立的时候，隐隐传来敲钟的声音，荡气回肠。

苏州寺庙不少，有西园戒幢律寺、"江南第一塔"之誉的北塔报恩寺、纪念泰伯的泰伯庙，以前还有供奉蛇王的蛇王庙、供奉唐传奇《柳毅传》中的柳毅的水仙庙、供奉吕洞宾的福济观，每一座寺庙都有着自己的故事。而最负盛名的，当属寒山寺。

寒山寺是苏州寺庙中最负盛名的

寒山寺里有一条碑廊，上有以各种书法镌刻的历代关于寒山寺的诗。成就今天的寒山寺，张继功不可没。这座从六朝梁天监年间始建的寺庙，一直到唐代张继的《枫桥夜泊》，才让钟声如诗般传载至今1400多年。为这首诗刻碑立石的自古不乏，第一块是北宋王珪书，他甚至把附近的封桥改名为"枫桥"；第二块是明代重修寒山寺时，由苏州老乡文徵明手书的勒石，但这块嵌在寒山寺碑廊里的残碑，只剩下"霜"、"啼"、"姑"、"苏"等几个字；第三块诗碑是由晚清的国学大师俞樾题写，字体浑然，畅意淋漓；第四块是近代一位与唐代诗人张继同名同姓者所题，据说这是近代张继的绝笔，其在此题诗后次日便辞世。

寒山寺得名声于张继，得名字于寒山拾得。寒山、拾得二人像立于寺内的寒拾殿。关于寒山、拾得的传说很多，诸如他们是文殊与普贤的化身；再如他们曾经亲如兄弟，却共爱一女，寒山为了拱手让兄，出家为僧，拾得知晓，也遁入空门。这两位为了女人入佛门的僧人，却在雍正年间被封为"和合二仙"，掌管起人间的婚爱来。

其实最为欣赏的，还是寒山与拾得的那段对话，寒山问："世间谤我、欺我、辱我、笑我、轻我、贱我、恶我、骗我，如何处治乎？"拾得答："只是忍他、让他、由他、避他、耐他、敬他、不要理他，再待几年你且看他。"

寒山寺现在在枫桥镇，寺附近有座枫桥，十年前，还有手摇橹的乌篷木船，招呼你坐上去，到镇外的京杭运河里一游。记得那日一直在下大雨，我们坐在乌篷船里，听雨声敲打窗舷、篷顶，身边是摇桨划橹的欸乃声。那次，是划船的老船夫，用地道的吴语，给我们吟"月落乌啼霜满天，江枫渔火对愁眠。姑苏城外寒山寺，夜半钟声到客船"。

虎丘

"先见虎丘塔，晚见苏州城"。要说苏州上镜率最高的标志性建筑，应该就是这座虎丘塔了。早先有虎丘牌照相机、虎丘牌茶叶、虎丘牌蜡烛，见得最多、一直到今天还有的，那就是虎丘牌民乐器，如琵琶、二胡、京胡、月琴、柳琴等等。至今我还留着一套虎丘牌古琴丝弦，商标上画着的，不出意外正是这座虎丘塔。

虎丘原名海涌山。司马迁在《史记》中记载，吴王阖闾败越伐楚，让吴国威名称霸之后，在他率领的最后一次伐越之战中，越大夫灵姑浮以戈击阖闾，导致阖闾脚趾受伤，还师途中死于陉。后来阖闾葬于此山，传说下葬后三日，有"白虎蹲其上"，于是此山改名为虎丘。

虎丘山不高，占地不广，历史掌故密度却颇高。最称著的，是剑池。这是一条在山崖壁下狭长如剑的水池，据说吴王阖闾的墓址可能就在这里。吴王夫差下葬阖闾的时候，曾经以著名的鱼肠剑连同其他宝剑三千柄为其殉葬。在"专诸刺王僚"的故事中，这柄鱼肠剑为吴王阖闾立下了决定性的功劳。

被鱼肠剑刺死的吴王僚，就葬在与虎丘遥遥相望的狮子山上，当地有"狮子回头望虎丘"的传说，这吴王僚与吴王阖闾的狮虎相斗，死后总该笑泯恩仇了吧。

虎丘的另一座著名地标，就是虎丘塔了。虎丘塔又名云岩寺塔。云岩寺建自东晋咸和二年（327年），最初名为"虎丘寺"，五代末修了这座虎丘塔，在北宋至道年间重修寺院，更名为"云岩禅寺"。但是如今还是叫虎丘塔比较顺当。这座塔残高48米，据说是江南地区唯一留存下来的一座五代建筑。塔的结构是八角仿木结构楼阁式七层砖塔，有点像杭州的雷峰塔。最奇特的地方是，由于塔基建立在虎丘山的斜坡上，所以塔在落成的时候就有些倾斜。现在的虎丘塔，以"世界第二斜塔"著称。据说以前登上斜塔，在里面其实看不出塔是倾斜的，但只要拿出一枚硬币在地上一抛，就能看到硬币向东北方倾斜。

虎丘一角

苏州博物馆

　　苏州各种博物馆很多，比如有昆曲博物馆、评弹博物馆、刺绣博物馆等等，这些博物馆，大多看的是馆藏内容，但到了苏州博物馆，让你目不暇接的，不仅仅是馆藏品的本身，还有博物馆的建筑。

　　不为别的，只因这座与拙政园、忠王府为邻的博物馆，是美籍华人建筑师贝聿铭的手笔。虽然贝聿铭生于广州，但其祖上却是苏州望族，狮子林曾经就是他们家族的园林，贝聿铭就在这座江南园林里度过了童年时光，所以由他来设计建造苏州博物馆是再合适不过了。

　　也许是童年时园林生活给他带来的影响，黛瓦粉墙、飞檐翘角、竹影摩挲，这些元素都在博物馆里印象再现。虽然看不到一点江南水乡、苏州园林的原貌，但博物馆外墙的线条、木作构架、玻璃屋顶和大玻璃窗，借景借水，分明就是苏州的影子。

　　整座博物馆是庭院样式，有大庭院、小庭院，中有池塘、片石假山、桥亭竹林，但又不是传统建造结构，而是把传统的精神融入现代的建筑中。按照贝聿铭自己的设想，是"以壁为纸，以石为绘"，隔壁的拙政园，原址上的忠王府，博物馆与古典园林笔断意连，貌离神合。韵到了，意就到了，也便有了景致，有了赞叹。

　　老实说，苏州博物馆的馆藏并不丰富，明清瓷器、书画、工艺品，还有忠王府彩画等，最为珍贵的大概是在虎丘云岩寺塔瑞光寺塔中发现的五代瓷品及经卷、佛像、铜塔宝幢等，不过吴门画派中的一些如沈周、文徵明、唐寅、陈洪绶等的作品，馆中皆有所藏。这些展品在充满江南气韵的现代博物馆里一经展出，连参观的心境，都仿佛提升了几个艺术层次般，让人忍不住屏住呼吸，静静地领略历史之美。

景色

约三五志趣相投的好友，漫不经心地踱着步子穿行于各色园林及水乡古镇中，随心所欲，乘兴而来，尽兴而归。

拙政园

从苏州博物馆出来，旁边就是拙政园。第一次去拙政园，也是在十年前，后来因为各种原因，又陆续去了好几次。拙政园成为游苏州必去之地，一是因为声名在外，二是因为园林确实有看头。游拙政园，最重要的因素，不是天气，不是季节，而是人！通常我都在下午去拙政园，这样可以避开上午的游客高峰，以及各路汹涌而至的旅行团。只有在一个清静的园子里，才能真正让自己融入中国古典的园林意趣，才能寻得古人游园的境界。

拙政园的第一代主人是唐代诗人陆龟蒙，这位诗人喜茶、喜渔，还勤耕农事，晚唐时期自成江湖隐逸一派，诗歌闲散清秀。这样的主人，为这座院子定下了最初的基调。后来拙政园在元朝一度作为大宏寺。明朝嘉靖年间，御史王献臣归隐苏州，买下园子，又聘了当时著名的画家文徵明来作园子的规划设计，文徵明果然不让王献臣失望，造山设水，植树布景，把吴门画派的笔情墨趣融入园林中，"拙政"二字，出自于西晋潘岳《闲居赋》"筑室种树，逍遥自得……灌园鬻蔬，以供朝夕之膳……此亦拙者之为政也"之句。虽说拙政闲居，我看王献臣可没闲着，他这一方园子，一拾掇就是16年，直到他的儿子一夜豪赌，将园子输于他人。

游览拙政园，不妨联想一下《红楼梦》里描写大观园的场景，细雕栏窗，水磨群墙，佳木葱茏，一带清流……这不是空穴来风，而是作者曹雪芹的确在拙政园里住过一阵子，当年曹雪芹之父曹寅任苏州织造，就购得拙政园一处，再后来拙政园分散各家，直到解放后才恢复完整的样貌。

拙政园大概最容易给人留下印象的，当属由清代状元洪钧题写"三十六鸳鸯馆"的北厅，以及清代状元陆润庠题"十八曼陀罗花馆"的南厅。单看这俩名字，就觉着内心激荡，诗情无限。有人说曼陀罗花是种山茶花，也有人说是产于印度的一种异域花，每次听到十八曼陀罗花馆这个名字，心内就要暗赞一番。南北厅四面有耳房，是园主听昆曲的地方，独特的建造设计，用屋顶的弧形来包裹曲声，取余音绕梁之意。

狮子林

狮子林以假山怪石著称

狮子林最初是元代至正年间高僧天如禅师所建菩提正宗寺的后花园，因为园中有怪石嶙峋，状若狮子，且这座寺庙纪念的是天如禅师的师父中峰和尚，中峰和尚是浙江天目山狮子岩的普应国师，为了表示天如禅师的师承关系，所以叫"师子林"，又因为佛经上有"狮子吼"的典故，诸多意趣，成就了此园的名字"狮子林"。

就如拙政园一样，有画家参与园林的设计，狮子林也邀请倪云林、朱德润、徐贲等画家来为其筹划设计，于是狮子林亦有画中真趣，景色如绘。倪云林还特意为此园绘《狮子林图卷》，在狮子林里的卧云室，程德全曾题下"云林画本旧无双，吴会名园此第一"之赞联。

狮子林以假山怪石著称。以太湖石堆叠出的狮子峰，如九头狮子，如错落迷宫，又如诸葛亮的"八卦阵"，让人觉得明明近在咫尺却无路可寻，而当水穷之处却又柳暗花明。据说连乾隆在此处也迷路过，两个时辰都没有绕出来，颇生趣意，于是乾隆兴笔题下"真趣"二字，赐予当时的寺院住持。

狮子林里的狮子迷宫，是以太湖石堆砌而成，太湖石的赏玩，恐怕要追溯到五代时期，到了唐朝开始盛行，白居易就写过《太湖石记》，北宋末期的"花石纲"指的就是进贡太湖石，后来太湖石与灵璧石、英石、昆石一起成为古代著名的四大玩石。太湖石的特点是"皱、漏、瘦、透"。明画家与造园家文震亨在《长物志》中写道："太湖石在水中者为贵，岁久被波涛冲击，皆成空石，面面玲珑。"太湖石属于石灰岩，多为灰白色，少见青黑色、黄色。这种石灰岩经受波浪的冲击以及富含二氧化碳的湖水的溶蚀，在时间的雕刻下，逐步形成大自然精雕细琢、曲折圆润的太湖石，最终被移居园林成重峦叠嶂，自成一景。

沧浪亭

沧浪亭是一座小园子。看了拙政园、狮子林，再到沧浪亭，会突然觉得整个世界都安静下来，没有游客的喧嚣和旅行团解说的聒噪，少有"色友摄述"们的长枪短炮，没有游人的摩肩接踵，只因园子小，加上我去的时候已经临近傍晚，园内只有少数几人散步游赏，这才觉得中国式园林的妙处——在特定的时间，约三五志趣相投的好友，漫不经心地踱着步子，随心所欲，乘兴而来，尽兴而归。

沧浪亭没有其他园林的匠心，也没有那么多的精密细腻，大概是因为从宋代留传至今的老园子多少毁坏了一些，现存的总不是百分百的原貌。沧浪亭的建造设计，秉承宋人的文人山水之风，山水景物融为一体，虽然现在的沧浪亭已历经明清的修葺，但多少还有点宋代的影子。

苏州的四大名园，当为沧浪亭、狮子林、拙政园、留园。这四座园子，分别代表着宋、元、明、清四个朝代的造园艺术。沧浪亭是苏州现存最为古老的园子，最初是五代时吴越国广陵王钱元璙近戚中吴军节度使孙承佑的池馆。后来到了宋代，那位写下"满川风雨看潮生"的诗人苏舜钦，用四万贯钱买下当时已经废弃了的园子，然后整葺一新，命名为"沧浪亭"，自号沧浪翁，写了一篇《沧浪亭记》，还邀请"唐宋八大家"之一的欧阳修作了一首《沧浪亭》的长诗。欧阳修写道："清风明月本无价，可惜只卖四万钱。"后来这诗的上句，与园主诗《过苏州》中"绿杨白鹭俱自得，近水远山皆有情"之下句，凑成了一副楹联，至今仍刻在沧浪亭的石柱上。

"沧浪之水清兮，可以濯吾缨；沧浪之水浊兮，可以濯吾足。"这座沧浪亭，这处老园子，古朴幽静，有水有竹，清隽高雅，亭榭错落，登亭可观全园，以及园内外的水景，再通过全园108式的漏窗，使得山水互见，烟水散漫，难怪被赞为"千古沧浪水一涯，沧浪亭者，水之亭园也"。

沧浪亭幽古

留园

国人有个爱好，凡事喜欢论资排辈，排出个"前四"来，比如"四大美人"、"四大名著"，如此种种。前面说过了，苏州有四大名园，沧浪亭、狮子林、拙政园、留园。放眼中国，也有四大名园，北京颐和园，承德避暑山庄，苏州拙政园、留园。

这四大名园的说法，是出自1961年3月4日国务院颁布的第一批全国重点文物保护单位名单中，属于园林方面的有四处，这四座园林因此而被称为中国四大名园。论气派，留园比不上颐和园；论面积，留园只能算承德避暑山庄一个角；论名声，留园比不过拙政园。但为何留园位列中国四大名园中？更何况江浙沪一带乃至全国名园都那么多，我一度怀疑，这评选的人当中，是不是有苏州人？

甚至，清末著名学者俞樾，在他的《留园记》中，评价留园是"吴下名园之冠"。这是过溢之词，还是真心赞美？

带着这些疑问，我们不妨作留园一游。当然，还是那个原则，选取一年、一天、一时之中的"淡季"，人少的时候进园子，细细地去品，就如啜一杯好茶，轻抿慢咂，方能品出舌尖滋味来。

留园最初是明代嘉靖年间太仆徐泰时的私家园林，仅仅是他名下诸多园林房产之一。这位徐泰时，"生而颖异"，"倜傥负奇"，中进士之后，授工部营缮主事，主持修复慈宁宫，经常亲自筹划，上阵指挥施工，后来升为营缮郎中，还建造过寿陵，如果在今天，他一定是位出众的建筑师，但因为耿直，遭人忌恨，被发回原籍。于是他回到苏州，"一切不问户外，益治园圃"，两耳不闻窗外事，一心只造家中园，索性极尽建筑之能事，把自己的兴趣发挥到最大，"杂莳花竹，以板舆徜徉其中。呼朋啸饮，其声遏云……留连池馆，竟日忘归"。留园就是在他手里拾掇出样子，"虽由人作，宛自天开"。他的朋友袁宏道为此园写了《园亭纪略》，说这座园子可以"醉客"，又说这座园子里有"垄上太湖石一座，名瑞云峰，高三丈余，妍巧甲于江南"。

这座瑞云峰，被誉为江南四大名石之首。"瑞云峰"是宋代花石纲的遗物，最初是在太湖西山开凿而得，后来又沉入湖底，被人捞起，又被人买走。买走之人不是别人，正是徐泰时的老丈人家。老丈人嫁女的时候，把此石作为陪嫁，赠予徐泰时。清乾隆下江南时，瑞云峰被移往行宫，再没回来。可见瑞云峰故事之曲折。

到了清代，徐家家道中落，太湖东山人刘恕买得此园，更名为"刘园"，随后又辗转他人之手，被李鸿章的幕僚、中国近现代著名的实业家盛宣怀的父亲买走，定名为"留园"，并立太湖石"冠云峰"、"朵云峰"、"岫云峰"于园内，这冠云峰便是"留园三绝"之一。

留园三绝另外二绝是楠木殿和鱼化石。楠木殿的柱子本是上好的楠木，后来在抗战年间被毁，如今已经看不到最初的楠木柱了。鱼化石则是一块天然大理石，石头产自云南，肌理天然成画，能列入留园三绝，大概是物以稀为贵的缘故吧。

留园冠云峰

西园

西园从严格意义上来说，不是园林，其大名是戒幢律寺，又称"西园寺"。大概是因为西园寺在去留园的路上，与留园相近，当地苏州人说起这一带，便总是"西园留园"并称，所以很多不明就里的人都以为，西园大概也是一处江南古典园林吧？直到进了西园，看到满园的香火鼎旺，看到了罗汉堂、观音殿，这才恍然大悟，原来西园不是园林啊！

这种想法其实也没错。西园寺创建于元代至元年间，最初名为归元寺。明嘉靖年间，徐泰时在改建东园即后来的留园时，一并将归元寺收购成为私宅。想必东园那几十亩地的园子还没有让徐泰时过足造园瘾，于是他又把归元寺这块地方改为别墅，更名为西园，与东园相望，交相辉映。后来他的儿子舍园为寺，这才复名为归元寺。

明崇祯八年（1635年），西园来了一位叫做茂林的住持，他信奉的是律宗，就把寺院的名字改为戒幢律寺，"幢"是旗帜的意思，"戒幢"就是以戒律为旗帜，戒幢律寺即弘扬戒法的寺院。西园寺成为明代以来著名的律宗道场之一。

周围的百姓哪里分得清净土宗、律宗、禅宗呢，只要有菩萨就拜，只要有香火就烧，他们依旧把这里称呼为西园寺，简称西园，并将其与寒山寺、灵岩寺并称为苏州三大寺。

西园寺现在内有天王殿、大雄宝殿、观音殿、罗汉殿、藏经殿、禅堂和西花园放生池等。毕竟曾经做过私家园林，所以与寒山寺相比，多少增添了些文气雅趣。每年秋天，西园寺山门前的银杏树，与寺墙、湖心亭、回廊、放生池一起构成了一道亮丽的西园秋景。

西园寺在苏州一带，算得上最宏伟的寺庙了。寺里的大雄宝殿，面阔五间，进深七间，前带露台，重檐歇山顶，建筑制式非常独特，三进四十八间，在罗汉堂内，还有仿造常州天宁寺石刻罗汉雕塑而成的五百尊金装罗汉像，大如常人，神态惟妙惟肖。仔细一看，其中还有一尊济公的塑像，一副"鞋儿破，帽儿破，身上的袈裟破"的形象，手里还有一柄破芭蕉扇。再仔细一寻，还有一尊"疯僧"像。这"疯僧"，又叫"十不全和尚"，有10种毛病：歪嘴、歪鼻、斗鸡眼、癞痢头、招风耳、勾手、瘸脚、斜肩、鸡胸、驼背。但却是一位高僧，得道杭州灵隐寺。《说岳全传》里就有"疯僧扫秦"的故事。当年疯僧在灵隐寺做烧饭和尚，岳飞被秦桧所害之后，秦桧和老婆王氏来灵隐寺烧香，疯僧设计当众揭发其罪行，这个传说一直流传下来，疯僧像在灵隐寺倒没有了，却在苏州西园寺得以保存下来。

太湖东山

但凡江浙一带进行太湖自驾游，去的都是苏州境内的太湖。从苏州出发往西南方向40多公里，便是人们常说的东山、西山。西山开发得较早，近几年东山也列入许多游者的目的地名单中。东山和西山，有湖有山，有物产，有古迹，春夏秋三季，湖边气候宜人，风景秀丽，不失为度假的好去处。

太湖

东山和西山，到底是什么山？原来，是苏州西南角上泛波于太湖水域中的洞庭山，"因湖中有洞山、庭山，在其西者为西洞庭，在其东者称东洞庭"。洞庭东山为伸入太湖的半岛，三面环水，洞庭西山是太湖岛屿，兀立湖中，与东山隔水相望。而东山的莫厘峰与西山的缥缈峰也遥遥相对，共同构筑着太湖山水的风景画卷。

　　太湖东山风景区，由洞庭东山、三山、泽山、蕨山、余山、南北箭壶等七座湖岛组成，以丰富的花果物产和古镇古村著称。东山主峰莫厘峰，得名于隋代的莫厘将军，莫厘是汉唐时期的官名，这位隋代的莫厘将军在历史上是个谜，但是据当地的传说，他住于东山，葬于东山，"莫厘峰下故将军，战骨萧萧埋白云"，这位身世扑朔迷离的莫厘将军不论立下怎样的赫赫战功，终归成为东山人纪念的偶像，于是曾经名为胥母峰的东山主峰，也被改为莫厘峰。据说当年春秋时期吴国大夫伍子胥曾在山顶迎接其母，所以又被称为"胥母峰"。

　　东山除了主峰莫厘峰外，还有芙蓉峰、箬帽峰、碧螺峰、虾缀岭、荷盘顶、玉笋峰等。在群峰之中，还有法海坞、翠峰坞、西坞等31处山坞，以及翠峰寺、古雪禅院、法海寺、紫金庵等古寺。

　　在东山风景区里，还有太湖三山岛，从明代开始就有"太湖小蓬莱"的美誉。到了三山岛，欣赏的是湖光山色，水韵宜人，至于三山岛上的拜壁峰、十二生肖石、龙头山、仙人洞等景色，则各有各的传说，各有各的看点，不过在我看来，却大同小异，或有后世旅游为宣传而附会之说。倒是东山上的杨湾古街、雕花楼、席家花园、雨花胜境、紫金庵、法海寺等等，还有些意思。

　　杨湾古村，是东山保存比较完整并且尚未过度开发的一座村落，全村大概有20多座元、明、清代建筑，比如元代的轩辕宫，明代的怀荫堂与明善堂，还有祖德堂、惠和堂、九大堂等。不论是官宦宅邸，还是小康住宅，或者是沿街楼铺，都在这座古村里安静地散发着自己独有的岁月气息。传说吴国驻兵操练军队的地方，就在杨湾后山的山冈上，至今仍有古吴遗址演武墩。

　　雕花楼，原名春在楼，《留园记》的作者俞樾，写过一句"花落春仍在"，这位苏州老乡的诗句就被东山富贾金锡之作为自己私家宅院的名字了。这座私宅，耗资巨大，据说花了银元17万两，历时3年才建成，全楼有砖雕、木雕、石雕、泥塑、彩绘等古建筑装饰工艺，甚至还有金雕，号称"无处不雕，无处不刻"，被称作"江南第一楼"。

　　席家花园，正名为"启园"，被称作"太湖第一园"，是太湖周围最为著名的坐落在山麓湖滨之中的江南园林，用今天的话来讲，就是地道的"湖景房"。

别看这座园子不大，当年可是席家后代为纪念祖上接待过康熙皇帝而建造的，据说康熙巡幸就在此登岸。后来园子换了主人，沿用新主人的名字"介启"中的"启"字，又叫启园。席家花园的风景是"临三万六千顷波涛，历七十二峰之苍翠，蕴隐逸林下之志，藏吞吐天地之气，极包孕湖山之胜"。这里是东山赏太湖的绝佳处。

雨花胜境，即东山森林公园，是融莫厘峰、现存的名胜古迹、珍稀古木等为一体的旅游景区。有观景草坪、洞庭轩古宅、唐宋诗廊、明代双泉、八骏奔驰、宋桥明叽、印心石屋、荥阳探幽、环清胜迹、雨花禅寺、醉墨楼等十余景。"雨花"的名字，源于明代，据说以前这边桃林遍地，一到春天，花飞花谢的时候，桃花瓣儿纷纷凋落，如同花雨一般，所以得了"雨花"这个名字。这里比较适合结伴出游，若有兴致，可去山顶的茶室喝一杯洞庭碧螺春。

近年去东山的路越来越方便，有了环湖的高速，在春天，驱车沿着太湖飞驰，路的两旁桃红柳绿，极目远眺，岛如螺髻，近处湖光潋滟，这样的行程，惬意得很呐！

太湖西山

太湖洞庭西山在太湖之中，比起东山来，西山就是一座太湖岛屿，是太湖第一大岛，也是我国淡水湖中最大的岛屿。西山的主峰为缥缈峰，取烟波缥缈之意，缥缈峰比莫厘峰略高，为太湖七十二峰之首，可以登顶俯瞰太湖。

以前上太湖西山，得坐船，现在有太湖大桥，开车可直驱而进，在岛上休闲、住宿都很方便。在苏锡沪一带的游者看来，西山更是一个自驾前来吃农家菜、品农家乐的地方。在这宜人景色里，春赏梅花，秋品果蔬，采杨梅，摘枇杷，再尝尝"太湖三白"。

"太湖三白"是指太湖中出产的白虾、白鱼和银鱼。

太湖银鱼，长2寸，通体透明，光泽泛银，形如玉簪，在农家菜里，最受欢迎的，大概就是"银鱼涨蛋"，出镜率很高。太湖白鱼，又叫"翘嘴白"，学名"鲦"，《吴郡志》载："白鱼出太湖者胜，民得采之，隋时入贡洛阳。"古时候以白为稀为贵，所以自古太湖白鱼都作为上贡佳品。太湖白虾，是一种非常小的虾，据清《太湖备考》记载："太湖白虾甲天下，熟时色仍洁白。"苏州有道名菜，叫"醉虾"，将这种太湖白虾醉在上等的绍兴黄酒中，不一会儿，活蹦乱跳的虾子玉体横陈，等着食客动筷下嘴了。

↑ 王鏊像
← 大学士探花坊

陆巷

很多人知道陆巷，是因为看过电视剧《橘子红了》，这里是《橘子红了》的外景拍摄地。陆巷在东山，早些年很少人知道，直到最近，才因为橘子而知名起来。

到了陆巷，你会惊讶于这里的古朴。深巷、老宅、石板路、上木板的铺面，这样的古村完全满足一个外乡人对江南古村的憧憬和幻想。村子里有6条小巷，30多处老宅院。村中的紫石街上，有三座明代雕花牌楼，代表着解元、会元、探花，纪念着当年村子里的历史。另外还有惠和堂、怀古堂、宝俭堂等老宅子。陆巷算是江南一带保存得非常完好的古村落了。

陆巷得名于明代正德年间的宰相王鏊，当年王鏊曾经在乡试、会试中拔得头筹，中解元、会元，在殿试中中探花，差一点就"连中三元"。紫石巷里的牌楼就是为他而立的。牌楼最初是春秋时期市门里坊发展而成的一种传统建筑，现在皖南、江浙一带多处可见，以明清时期留存下来的居多，多为名门望族在官道上建造石制牌坊、牌楼以彰显荣耀，有的是表彰"忠、孝、节、义"。像王鏊这样身居显位、功成名就的，当然要立牌楼以鼓励后世了。如今这三座牌楼就成了陆巷一道独特的人文景观了。

后来王鏊历任户部尚书、文渊阁大学士，后官至相位，唐伯虎是他的门生，盛赞其"海内文章第一，山中宰相无双"。王鏊的母亲姓陆，于是这座村子也随了陆姓，叫做陆巷。但另一种说法是村里面有六条能通向太湖湖畔的古巷，"六"这个字在吴音中念"陆"，所以就把村子叫做陆巷。

不管来由如何，陆巷坐落在莫厘峰山坞中，面朝太湖，春暖花开。东边有寒谷山，西有箭壶，山水风光格外好。

陆巷的特色是橘子。每当橘子红了的时候，不经意间就能看到一方古宅大院里，一棵大橘子树的枝头跨过墙头，伸向院外的老巷，枝头上缀满了橙色的橘子。村子里有上山的小路，也是古道，道路两旁也都是缀满橘子的橘子树，陆巷后面的山上，漫山遍野都是橘子树。陆巷这里出产的橘子品种号称"洞庭红橘"，每年霜降之后，来陆巷采摘橘子的游客特别多，因为这个时候的橘子尤为甜美。

陆巷最美的时候应该是傍晚。因为靠着太湖，水泽氤氲，傍晚炊烟袅袅，与山上的雾霭相融，整座村子仿佛笼罩在薄纱之中。橘子红了的时候，橙色的橘子点缀村落、巷口、墙头、后山，几只水鸟扑棱棱飞过……在夕阳的余晖中，感受时间的变迁，历史的流逝。

被绿藤缠绕着的旧门，见证过多少故事？

同里

也许没有多少人会对那个游人如织的同里留下好印象，节日里的出游总是让人对拥挤的街道巷陌怯场，当退思园的每个角落都站着游客，每一处景致前都有一张微笑着等待拍照的脸，这时候的同里，真是让人望而却步。

这是我第一次去同里的遭遇。可是我仍然游兴不减，在一间又一间房子中不停地穿梭，用力在木质的楼梯上踩出声响，推开红木棱窗，掩上雕花房门，阳光从陈旧的天井里倾下一块光影，尘埃在光影中跳跃，如同急弦的琵琶、古筝，流溢出串串音符。一位吹箫人正站在临水小阁上，悠扬的箫声穿透喧嚣的人群。一间轩榭里放着一张古琴，遗憾的是被一把铜锁锁住了清韵，徒留一室宁静。

我和朋友不停地走过各种石桥，穿过与水相依的石板路。同里的水域相对较宽，水呈青绿色，两岸都是樟树，走起来甚是悠闲。看路人意兴盎然，听船夫摇桨划橹，累了就在长廊下找一家小店坐下，同里人的淳朴和健谈让大家总是会心一笑，桌上简单而又丰盛的菜肴足以让每一位过路人动心。午后的阳光，带着鱼香的清茶，挪一张藤椅坐在岸边，任河水匆匆，有着这样的一份闲情，那个洒满阳光的热闹的同里，让我怀念。明清街无大特色，只听说这里的三毛酒楼的老板是张寄寒的亲戚，真假也无从考证了，只是略微又添上了些三毛的影子。

同里，在吴江市东北，从苏州出发大约1小时不到的车程，很近。以前同里叫做"富土"，唐初改名为"铜里"，从宋代开始延续至今，都叫做"同里"。同里是典型得不能再典型的水乡小镇，几乎每家每户都有临河的码头，舟船一度成为这里最主要的交通工具。同里的桥多，从宋到明清，各代的石桥共40多座，南宋宝祐年间的思本桥、元代至正年间的富观桥……还有最著名的镇中三桥：太平桥、吉利桥、长庆桥。据说每当婚嫁的时候，"走三桥"是必不可少的讨彩头。这些桥一直使用至今。

最著名的同里景点，当然是退思园了。退思园的园主是任兰生，光绪年间被革职还乡后，花十万两银子造园，以《左传》"进思尽忠，退思补过"之意为园子取名"退思园"。除了退思园，同里还有耕乐堂、环翠山庄、三谢堂、嘉荫堂、崇本堂等园林古建筑。不过我一直觉得，在同里，还是沿着河随心散步更为惬意。

木渎

木渎的历史，要从春秋时期讲起。那还是吴越争战的时候，越国战败后，范蠡进献美人西施给吴王夫差，吴王宠爱西施，在灵岩山顶为她建造观娃宫，还在紫石山修筑姑苏台。观娃宫与姑苏台的修建花了不少人力物力，"三年聚材，五年乃成"。古时运输木材靠水路，于是从胥江上就源源不断地运来大量的木料，这些木料多到"积木塞渎"的地步，因此这座镇子就得名"木渎"。这么看来，木渎的历史，也有2500多年，几乎与苏州同岁了。

这座千岁老镇，名人可不少，首屈一指的就是范仲淹。据说范仲淹是木渎名人，现在木渎镇的中心还立着其雕像。但范仲淹究竟与木渎有多紧密的关联，这个就难讲了，因为史书上只记载范仲淹是吴县人，并没有详细到某镇某村，但木渎镇这么多年来都把范仲淹当作本土地地道道的老乡，木渎的天平山还有范仲淹纪念馆，想来错不了吧。

另一位名人是沈德潜。文学史上的诗集《唐诗别裁》、《明诗别裁》、《清诗别裁》就是由沈德潜圈定的。沈德潜是科考史上的传奇人物，他23岁子承父业，在教馆授业40多年。从22岁开始，他一共参加了17次科考，直到67岁那年才中进士。中进士之后，他的才华终于显山露水，乾隆极为看重他，甚至尊其为自己的老师。

沈德潜原来住在苏州葑门附近，雍正时期归隐木渎，在木渎建园造林，号"灵岩山居"，并开馆授徒。道光八年（1828年）"灵岩山居"被木渎诗人钱端溪买下，加以整葺，名为"端园"，最后又落在木渎当时的首富严国馨手里，他委托香山帮建筑大师姚承祖兴造土木，把园子重整一新，按照严国馨的母亲朱老夫人的意思，要仰慕前贤，所以更名"羡园"，这就是今天木渎的"严家花园"。

除了严家花园，木渎还有一处重要的景致，叫做虹饮山房。乾隆时期的木渎，显然比今天更为繁华和重要。别的不说，就说当年的宫廷画家徐扬绘了一幅《姑苏繁华图》，全长12.25米，木渎风貌便占了半边。也难怪，当乾隆帝下江南的时候，六次巡幸木渎，住在这虹饮山房，当地把虹饮山房称为乾隆的民间行宫。除了乾隆，纪晓岚、和珅、刘墉等一代名臣，都曾在这里下榻。至今虹饮山房内还藏有20道清代皇帝圣旨。

这虹饮山房，其实只是清初木渎文人徐士元的私家宅院，因为它有"溪山风月之美，池亭花木之胜"，再加上徐士元与沈德潜交好，乾隆在虹饮山房门口弃舟登岸之后，总会与自己的老师及老师的挚友在此舞文弄墨一番，虹饮山房便有了名气。

甪直

　　先来说说"甪直"这个名字，第一眼看上去，很多人会误念成"角直"，更有甚者会以为是"直角"。"甪"与"陆"同音。甪直是太湖东边的一座老镇，从苏州出发大约1小时车程即可抵达。甪直原名"甫里"，根据《甫里志》所说，是因为镇西有一方甫里塘，所以得名。后来因为镇东有直港，通向6个方向，水流形如"甪"字，于是更名为"甪直"。

　　还有一个传说，说是有一种类似麒麟的神兽，身形怪异，犀角、狮身、龙背、熊爪、鱼鳞、牛尾，名"甪端"。《宋书·符瑞志下》中是这样描述的："甪端日行万八千里，又晓四夷之语，圣主在

位，明达方外幽远，则奉书而至。"这独角神兽在巡察神州的时候，路过角直，觉得这里不错，民生调和，于是就在此地歇了脚。于是角直这块地方，就成了无战荒、无灾害的风水宝地。而这个地方也就得名角直。现在角直镇上还有一座角端神兽的雕像。

"三步跨两桥"、"家家尽枕河"，说的就是角直这样的水镇、桥镇。角直周围水道环绕，有吴淞江、清小江、界浦江、东大江，还有群湖环抱，如独墅湖、金鸡湖、淀山湖、阳澄湖等，所以角直又被称为"江南的威尼斯"，甚至比威尼斯有过之而无不及。角直多桥，据记载，角直有宋、元、明、清时代的石拱桥72座半，现存41座，多孔桥、独孔桥、平

顶桥、双桥、姊妹桥、平桥……如此种种，角直就像一座原生态的古代桥梁博物馆，称之为"桥都"也不过分。

角直最为称著的，应属保圣寺的塑壁罗汉。据《吴郡甫里志》记载，保圣寺的大雄宝殿建于梁天监年间，殿内供奉释迦牟尼佛像，旁边有罗汉十八尊，为"圣手"杨惠之所摹。杨惠之是唐代开元时期的雕塑家，初与吴道子一起学于张僧繇，后来吴道子在绘画造诣上已经登峰造极，杨惠之于是焚毁笔砚，另辟蹊径，专攻雕塑，当时有"道子画，惠之塑，夺得僧繇神笔路"之说。杨惠之擅长罗汉像，并且创造了将人物安排在山石背景中的样式，即塑壁。而保圣寺的这方罗汉塑壁，传说就是杨惠之所作。

1918年夏天，史学家顾颉刚应叶圣陶等人之邀来游保圣寺，见到这方罗汉塑壁，大为赞叹。大雄宝殿年久失修，经过蔡元培、马叙伦、顾颉刚等呼吁，公私合力，集资倡修，在1932年由建筑专家范文照设计建造了目前的这座罗汉堂，雕塑家江小鹣、滑田友对现存塑壁进行修补及摆放。

曾经受滑田友家人的委托，前去角直查考当年修复保圣寺罗汉塑壁的文献。那是我第一次去角直。

民间

在老巷子里邂逅一份如此情深的曲调，大概也只有在苏州才会发生吧。

说书

苏州评弹

苏州的老人们，在记忆深处，都有一种声音，那声音从街头巷尾传来，从幽巷深宅传来，从庭院门堂传来。"转轴拨弦三两声，未成曲调先有情"，琵琶声，和着吴侬软语的咿呀唱腔，就如一块方糖般，在舌尖味蕾上融化，甜在了心上；又如一匹轻柔的丝绸，拂过面颊。这些姑娘们唱的，就是苏州评弹。

评弹是说书的一种，用地道的苏州方言演唱，唱腔或抑扬顿挫，或轻柔慢缓，配上琵琶琮铮，颇有一番"大珠小珠落玉盘"的听觉享受。不是吴方言区的人，基本上难以听懂评弹的唱词，只能看个热闹罢了。早些年，苏州城里有许多设有书场的茶馆，女人是不允许进茶馆的，否则会被人笑话不正经，但是书场却可以大摇大摆地往那一坐，喝喝茶水，嗑嗑瓜子，听一回说书，这说书就是评弹。

从平江路拐进张家巷，有一处苏州评弹博物馆。在那里可以了解到关于苏州评弹的很多故事，当然，也有机会听一曲完整的苏州评弹。不过我依然觉得，最好听、最有意境的，还是在苏州老街老巷里转悠的时候，偶得的一曲从某座院落里传来的评弹曲调，哪怕是收音机里的，也有种活色生香般的感觉。

昆曲

　　从苏州评弹博物馆出来，隔壁就是中国昆曲博物馆。昆曲博物馆在全晋会馆内，前身是苏州戏曲博物馆。与评弹相比，昆曲是雅音，如果说评弹是"下里巴人"，那么昆曲就是"阳春白雪"。评弹可以进茶馆书场，昆曲的折子戏演出一定是在高大的雕花戏楼里。

　　昆曲得名于江苏昆山，最初与浙江的海盐腔、余姚腔和起源于江西的弋阳腔并称为明代四大声腔，同属南戏系统。昆曲又分南昆、北昆。南昆以苏州白话为主，北昆则以韵白和京白为主。

　　昆曲博物馆里，有一处马得昆曲戏画艺术馆。这昆曲戏画的作者就是高马得，他画的昆曲戏画，笔墨散淡，像是透着水泽般，人物身段婉转，水袖一抛，一颦一笑都活灵活现地跃于纸上。因为工作的缘故，我与高马得先生有过一面之缘，我对昆曲的认识，大部分都是从马得戏画中得来的，比如《牡丹亭·游园》、《牡丹亭·惊梦》、《墙头马上》、《幽魂》等等。想起两年前在高老的追悼会上，放的就是昆曲《牡丹亭》，白须白发的人，安详地躺在那里，任凭玫瑰花瓣抛撒，花随人去，人亡花谢，那一世的婉转惆怅都化作昔日纸上的水墨粉迹，由人评说。

　　昆曲的唱腔，如感情般百转千回。有一回走在平江路附近的小巷子里，寂静的午后忽如而来一句"原来姹紫嫣红开遍"，不知是谁家正在听《牡丹亭》，丝竹一响，一股断井颓垣的悲凉涌上心头。时间如何敌得了那理还乱的情缘？多少情缘被光阴蚀去了人生初见？在老巷子里邂逅一份如此情深的曲调，大概也只有在苏州才会发生吧。那一刹，似水流年。

丝绸

　　苏州的丝绸自古声名显赫。早在隋唐时期，就有"蜀桑万亩，吴蚕万机"的美誉，苏州进贡的丝葛、丝绵、八蚕丝、绯绫，实属上品。苏州的虎丘塔和瑞光塔，曾经出土过五代与北宋时期的刺绣、经卷丝织缥头等物，苏州纺织业可见一斑，当时与杭州、成都并称三大织锦院。今天的天心桥东一带，是明代在苏州设立的织染局，明代中央内府司礼监还设有苏杭织造太监一职，专司苏杭织造，长驻苏州。今天的苏州葑门内带城桥东，苏州市第十中学内，就是清代的苏州织造局南局。南局是总织局，北局是织染局，今天依旧保留着"北局"这个地名。当时的龙袍、莽袍、褂子、缎匹、宫绸，有很多都是出自苏州工匠之手。

　　苏州丝绸的种类，也随着纺织业的发展日益增多，春秋时期有"吴缟"，三国时期有"吴绫"，后有宋锦、缂丝，明清的织金、闪缎、妆花缎、摹本缎、贡缎等。苏州的织锦色泽艳丽，图案细腻精美，质地柔坚，与南京的云锦、四川的蜀锦并称三大名锦。

　　在苏州市人民路上，还有一座苏州丝绸博物馆。在这可以了解到苏州丝绸工艺的发展、沿革、变迁、鼎盛的历史。苏州正宗的丝绸，现在在许多商场小店都能买到，但是几乎都是质地柔软的丝巾之物，不一样的也就是花色品种了，至于传说中的各种缎、锦，现在确实少见了。

桃花坞年画

桃花坞里桃花庵，桃花庵下桃花仙。桃花仙人种桃树，又摘桃花换酒钱。
酒醒只在花前坐，酒醉还来花下眠。半醉半醒日复日，花落花开年复年。
但愿老死花酒间，不愿鞠躬车马前。车尘马足显者事，酒盏花枝隐士缘。
若将显者比隐士，一在平地一在天。若将花酒比车马，彼何碌碌我何闲。
别人笑我太疯癫，我笑他人看不穿。不见五陵豪杰墓，无花无酒锄作田。

　　说起苏州桃花坞，让人想起的，是唐伯虎的这首《桃花庵歌》。桃花坞在今天的苏州桃花坞大街以及周围地区。唐代诗人杜荀鹤曾作《桃花河》诗，宋代诗人范成大也有诗歌提及"桃坞论今昔"。宋末元初的徐大焯在《烬余录》中详细描述了桃花坞的范围："入阊门河而东，循能仁寺、章家河而北，过石塘桥出齐门，古皆称桃花河。河西北，皆桃坞地，广袤所至，赅大云乡全境。"

桃花坞这个名字听着就让人觉得春和景明、桃红柳绿、一派喜庆生辉的样子。从宋代就开始流传的桃花坞年画，用的是着色和彩色套版印刷的工艺，号称"姑苏版"的桃花坞年画，流行于周边地区，甚至日本、南洋。史上有"南桃北柳"之说，就是指苏州的桃花坞年画和天津的杨柳青年画。桃花坞年画多为门画、中堂、屏条等，画的题材非常广，福禄寿喜、民俗风物、戏文人物、珍禽瑞兽、草木花卉、亭台楼阁、驱鬼避邪等等。

如今的桃花坞年画有了专门的博物馆，就在平江区东北街上的朴园内。

大闸蟹

每当"秋风起、蟹脚痒"的时候，到阳澄湖吃上一顿大闸蟹，绝对是人间的美事。阳澄湖在苏州市东北角，从苏州出发大约1小时就能到。有一次，我便领了这样的美差，带着朋友去阳澄湖吃正宗的大闸蟹。

到达阳澄湖已是天黑时分，我们的车子一直在漆黑的乡镇公路上前行，因为是第一次去，不知还需行多少路，心里七上八下的，还以为走错了方向。拐过一个弯，突然峰回路转，只见眼前出现一片霓虹灯火，车上所有的人都惊讶得叫了起来，按照一位朋友的说法，有点像到了微型的"拉斯维加斯"，可见阳澄湖当地吃蟹的饭店之盛！

直接去蟹农船上吃蟹，绝对比去饭店、酒店要过瘾得多。蟹农先是把你带到船后面的养蟹船上，直接在蟹网里挑选，那些待选的螃蟹在网栏里窸窸窣窣地爬行着，蟹农会教你挑肚大脐圆的，这样的螃蟹黄多膏肥，三四两一只已经算是大个头的了。一般按照每人一对公蟹、母蟹的分量配给，挑选好后直接拿到后厨清蒸。

等到再端上饭桌时，蟹将军已经是红袍加身，佐以姜丝、蟹醋，再温一壶梅子黄酒，讲究的食客再用上吃蟹的工具——蟹八件是也，还等啥呢，动手吃吧！

记得《红楼梦》里写过一顿螃蟹宴，边吃边咏螃蟹诗。不知道大观园里的小姐们吃得可否文雅？据阳澄湖本地的朋友介绍，吃螃蟹，是要靠吸的，特别是螃蟹腿，把两头的关节一咬，然后对准蟹腿，瞪眼缩嘴这么一吸，螃蟹腿里的肉便能完好无损地吸出来。这个吃法，一般地方可是学不到的哦！

碧螺春

太湖的洞庭山，还有一样物产，那就是洞庭碧螺春。别看"碧螺春"这个名字诗情画意，最初的名字可是唤作"吓煞人香"的。传说洞庭东山上的碧螺峰间，有几株茶树，一次，一位采茶女上山采茶，竹篮盛满了，于是把多余的茶叶揣入怀中，结果茶叶受热产生异香，泡入水中更是奇香扑鼻，大家都说"香得吓煞人"，后来就把这种茶叶叫做"吓煞人香"。"吓煞人"是地道的吴方言，这种用当地吴语来命名的茶叶，后来被清代康熙皇帝巡游的时候品尝到了，他看这茶叶茶汤碧绿透彻，茶叶本身卷曲如螺，又产自碧螺峰，于是赐名为"碧螺春"。

还有一种传说，说这种茶叶是一位叫碧螺的姑娘发现和研制的，于是人们把种植这类茶树的山叫做碧螺峰，而最早种植这种茶树的那座庵，叫做"碧螺庵"。究竟是先有碧螺峰，再有碧螺春呢，还是先有茶再有峰？这都不重要了，重要的是1000多年来碧螺春茶深受品茶雅士们的喜爱。

早在唐代陆羽《茶经》里就提到："苏州长州生洞庭山。"清末震钧所著《茶说》也记载："茶以碧萝（螺）春为上，不易得，则苏之天池，次则龙井；芥茶稍粗……次六安之青者。"

在苏州游玩的时候，不妨在平江路上找一家茶馆，夜晚凉风习习，坐在茶馆的花架下，泡上一壶碧螺春，听汩汩河水流淌，摇着蒲扇，你说这感觉美不美？

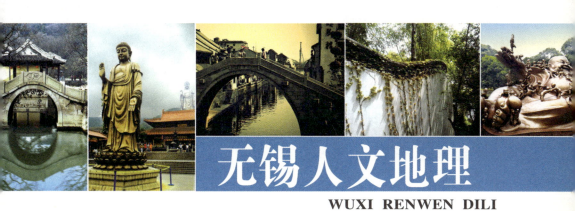

无锡人文地理

WUXI RENWEN DILI

往事

> 太湖的水，给无锡人带来温润灵动的性格，也带来"江阴强盗无锡贼"的戏谑。

吴越风云

　　说起无锡，越来越多人想到的是"三国城"、"水浒城"，或者是善男信女们朝拜的灵山大佛，而无锡的历史渐渐在这些后世人造景点中被遗忘，无锡的城市名片越来越模糊，曾经被蓝藻严重污染的太湖也让无锡人好一阵头疼，甚至太湖也不独属于无锡，苏州如今把太湖西山旅游发展得有声有色，令无锡这座城市在沪宁线上渐渐尴尬起来。

　　不过无锡的历史文化地位，却撼动不得，这种地位被清光绪年间无锡知县廖纶用四字题写并镌刻在太湖边上：包孕吴越。看过了太湖"三万六千顷，周围八百里"，看过了太湖的烟雨雾霭、碧波晴空，只有用"包孕吴越"四个字，才能真正表达无锡人的那种吴越情怀和眷恋。

　　无锡的历史，从考古的角度来说，可以往回追溯6000多年，然而无锡传说大都从泰伯奔吴开始讲起。在当时中原人的眼里，无锡古时候就是荒芜之地，地广人稀，刀耕火耨，整个一南方边塞。然而历史上无锡人每每被称为"南蛮"，就会觉得委屈，好歹无锡也是在周朝正宗后裔称王的情况下，从原始社会进入了奴隶制度，中原先进的文化和礼乐文明之光也辐射到此，最重要的是，周太王古公亶父的长子泰伯和次子仲雍，因为孝父让贤，主动投来古无锡，立地为王。

　　泰伯奔吴这段典故，说的是城邦发展的历史，讲的是文化传承的正宗，所以无锡至今有锡山泰伯殿、梅村泰伯庙、鸿山泰伯墓道，解放前城内的大娄巷里，还有一座泰伯祠堂。听老人说，以前在清明的时候，要吃一种用三种馅料制作的青团，叫做"三酿团子"，"酿"在吴语里和"让"音近，后来人们就把这种点心附会到泰伯让贤的故事上，三酿团子也是对泰伯的一种纪念。

　　到了春秋时期，吴国一会儿被越国打败，一会儿成为楚国的附属，吴越两国强盛之后，开始你争我夺，吴王阖闾在今天无锡闾江附近建立阖闾城，他还建立了一座都城，就是大家耳熟能详的吴都姑苏——这一点会让无锡人觉得自豪，苏州再怎么是都城，可吴国的正宗却是从无锡肇始。

　　后来吴越两国交战，从公元前496年吴王阖闾伐越开始，一直到公元前473年越王勾践卧薪尝胆之后复国攻吴，这里发生了多少故事！吴王夫差、越王勾践、伍子胥、范蠡、西施，他们的传说和故事在吴越大地上就像种子一样生根发芽。

　　公元前335年，楚威王灭了越国，越国下属的无锡被楚国宰相春申君接管，这位春申君就是战国四公子之一的黄歇。春申君在此地大力发展农业，并且在锡山开采锡矿，建造黄城，又名吴墟。史载到了秦始皇时期，锡山的矿产已经接近枯竭，后来汉代设县，此地才有了使用长达两千多年的名字——无锡。

　　"无锡锡山山有锡"，据说明代的大才子唐伯虎为这句话对了个下联——平湖湖水水平湖。也有人考证，说是无锡这个名字，其实是从古吴语中的"吴越"而来，和锡山是否有锡无关。不管怎样，无锡和吴越结下的不解之缘是谁也不能否认的。每次去无锡太湖鼋头渚，总看到很多人站在岸边拍照留念，后面正是"包孕吴越"四个浑厚苍劲的大字，太湖的水，一遍又一遍冲刷着堤岸。

太湖明珠

　　无锡透着氤氲水汽，就连蜚声海内外的无锡特产桃子，都有个水灵灵的名字——无锡水蜜桃。无锡还有种特产叫做"三白"，指的是太湖里的三种鲜美之物，即银鱼、白鱼、白虾。俗话说靠山吃山，靠水吃水，枕着一片富饶水域的无锡人，和水结下了不解之缘。

　　无锡人自豪地把家乡比喻为"太湖明珠"。太湖号称"三万六千顷，周围八百里"，水道密布，水网交织，湖连着江，江通着河，溪流向湖。太湖原本是个海湾，因为长江、钱塘江的泥沙冲击，海湾被上游带来的泥沙所封闭，久而久之，海水淡化，形成了我国第二大淡水湖。《史记》中记载大禹治水，在吴地"通渠三江五湖"，这"三江"说的是娄江、吴淞江、黄浦江，五湖就包括了太湖。近3000平方公里的太湖调节着气候，孕育着文明，物产丰饶。太湖水灌溉着这一片土地，无锡一度成为国内"四大米市"之一。

　　这片被无锡、苏州、湖州、宜兴包裹起来的湖泊，让周围的城市历来有"鱼米之乡"的殊荣。和江苏其他城市相比，无锡近水楼台先得月，因为毗邻太湖，无锡赚了个盆满钵满，这是几千年前从北方逃来南夷的先人始料不及的。在这荒蛮之地，没想到上天为他们打开了另一扇门，这扇门，通往富庶，通往精致，通往江南的水脉文化。"太湖八百里，鱼虾捉不尽"，一方水土养育一方人，水泽浸润的江南，也造就了独特的江南文化——水乡，水镇，水城。无锡的舟桥、鱼米、蚕桑，哪一样不是跟水休戚相关？

通太湖的港口

水是灵动的，所以无锡人有着水一样的性格，灵活多变，融会贯通，机敏流转，审时度势。古往今来，吴人从来不是屠弱之辈。吴王夫差修邗沟，竞霸中原，将吴国战船军队挺进楚国腹地。同样是青铜的精工铸造，楚国有举世闻名的战国编钟，留下的是细腰长袖，随乐而舞；吴国有的则是刀光剑影，留下的是吴王光剑，宝锋尽出。这把剑，如今躺在无锡博物馆里，寒光暗发。

太湖边上，几千年前就风生水起，铁马金戈。两千多年前太湖边上有一名普通的屠夫，学了一手烤鱼之法，味美鱼鲜，为的是完成刺杀吴王僚的使命。吴王僚永远也想不到，太湖里的一尾鱼中藏了一柄鱼肠剑，这把剑通过专诸的手刺向了吴王僚，也刺出了新的称霸一方的吴国霸主阖闾。无锡鸿山成为刺客专诸最后埋葬的地方，从地图上看，这里距离太湖15公里不到。风生水起之后，太湖重归平静。

水能载舟，亦能覆舟。太湖的水，给无锡人带来温润灵动的性格，也带来"江阴强盗无锡贼"的戏谑。江苏其他地方的人说起无锡人，总带着一些羡慕的贬义，因为无锡人太精明，太有生意头脑，太能赚钱积累家当了。太湖在无锡人驾驭下终于富甲一方，成为胜地。太湖绝佳处，尽在无锡。

人文

> 春游惠山烧香，拜祭先人，以求福荫后代，成为各家春天里的头等大事。

东林书院

无锡的人文景观，首推东林书院。这倒不是因为其有多大规模，多么悠久的历史，或者风景多么雅趣盎然，而是单凭一副对联，东林书院就应该赢得所有人的尊敬。还记得20世纪80年代的小学语文课本里，选有一篇马南邨（邓拓）的文章《事事关心》，开篇就提到：

风声、雨声、读书声，声声入耳；
家事、国事、天下事，事事关心。

这副对联从明末开始就张悬在东林书院，如今挂在书院的依庸堂前。这22个字，是明代东林党人所推崇的文人精神，是"修身齐家治国平天下"的一脉相承，至今仍然激励着中国的文人志士，也许这正是中国几千年来文人爱国的最好写照吧。

东林书院的正心亭

东林书院又名龟山书院，讲的是宋儒理学，最初由宋代大儒程颐的弟子杨时所设。杨时号龟山，曾在无锡讲学长达18年之久，其讲学的地方被时人奉为东林书院，后因杨时的离去而逐渐没落。

明代万历年间，从无锡走出去的顾宪成，因为在朝廷刚正不阿，忤逆了圣上，于是被革职遣返回乡。回到无锡老家的顾宪成，并没有因此一蹶不振，相反，他和弟弟顾允成、老乡高攀龙等人捐资重修东林书院，在书院内开设课堂，聚众讲学，传授宋儒理学正宗，一时间乡里八方前来问学者极多。他们或针砭时弊，或讽议国事，言论之大胆、刚正，吸引了国内一批心怀抱负的士大夫，成为江南人文荟萃的一大盛会。

顾宪成自然成为东林书院的精神领袖，他与同为无锡人的高攀龙、顾允成、安希范、刘元珍、叶茂才，以及武进的钱一本、薛敷教，

建于明末的"东林旧迹"牌坊

被人尊称为"东林八君子"，顾宪成为"东林八君子"之首。从东林书院走出去的很多人都在朝廷为官，以天下为己任，形成了一股"非君"（讽谏君王）的势力，人称"东林人士"。

直到明末清初，以接替东林精神为己任的复社，重新兴复古学，后来成为江南文人抗清的主要力量，而复社领袖之一的顾炎武，把东林的精神融入"天下兴亡，匹夫有责"之中。

了解东林的来龙去脉，也许就不会对2002年才修复的东林书院有所苛求了。明清时期遗留下的石牌坊、东林精舍、丽泽堂、三公祠、依庸堂等建筑，虽然满足不了人们访古探幽的猎奇心，但是小院落的雅致古意，总会让人觉得书院里飘着一股墨香。周末的时候，前去游玩的人也许会碰上一群孩子，他们有的在习弹古琴，有的在念传统的《三字经》、《弟子规》，那咿咿呀呀的读书声"声声入耳"，"事事关心"的精神也依然在今天的中国知识分子身上传承。

蠡园

无锡有三国城、水浒城、唐城，近些年来这些古装影视剧拍摄的基地渐渐也成为国内热门的旅游景点，无锡人做生意的精明由此可见一斑。早在20世纪初，无锡人就借美人西施的传说，搭建起山明水秀的景致，并且在此基础上修建了蠡园，有意思的是，蠡园并非纪念美女西施，而是纪念那位携西施泛舟的范蠡。1927年，同村民族工商界人士王禹卿"慨慕范大夫蠡之为人"，而建蠡园。

为什么会纪念范蠡呢？原来范蠡就是历代商家所拜的"陶朱公"！

这一片水域，原本称为漆湖、五里湖，传说吴亡国后，范蠡曾与西施在此水中泛舟，因此改称为蠡湖。美人的传说在蠡湖的乡野，是渔家撒网收鱼的谈资，是文人墨客吟古抒怀的典故。这一方湖水，大概是因为映照过那么美丽的女子，变得旖旎温润起来。

相传春秋末期的越国大夫范蠡为辅佐勾践，在越地苎萝山浣纱河找到绝色美女西施献给吴王夫差，夫差因为得了如此美貌的女子，终日沉溺在酒色之中，最终被勾践一举打败，成功复国。

同样是因美人而亡国，褒姒、苏妲已遭到千古唾弃，而西施则赢得了世人的喜爱和尊敬，就连她的献身，也被说成是深明大义，有巾帼英雄之赞。百姓不忍看到美人沉海而亡的结局，于是为西施寻了一个好结局，那就是范蠡辞官，携西施泛舟湖上，隐居于此，所以人们称此湖为蠡湖。

　　范蠡得美人而归，也没让美人过苦日子。他凭借着聪明的头脑经商，成为巨富，并善于审时度势，三次迁徙。孟母三迁为的是好的学习环境，这位自号"陶朱公"、被时人尊为"财神"的范蠡三迁，则是怕树大招风，财多惹祸。

　　由于范蠡辅佐勾践，多在无锡一带行事，这里有不少关于范蠡的传说故事，至今还有很多地名和范蠡有关，比如蠡河、蠡桥，比如这座在20世纪30年代修建的蠡园。难怪无锡人倾慕范蠡，修建蠡湖，原来拜的乃是这位"商圣"、儒商的鼻祖、民间的财神爷。

　　其实蠡园和大多数江南园林一样，假山堆叠、亭台楼阁、水榭飞廊，大概这里没有苏式园林那么名声大噪，所以每次前来总是游客稀少，颇为清幽。来蠡园，游玩之心不在园，而在美人传说也。美貌能让水里的鱼儿都羞得沉下去的那位女子，今何在？

惠山古镇

　　有这样一种说法，惠山是老无锡人的"家山"。听无锡的朋友讲，解放前每年阳春三月的时候，惠山上总是人头潮涌，热闹非凡，每家每户，大大小小，几乎都要在清明前后前往惠山拜祠堂，烧高香，几乎各种大姓都能在惠山上找到宗祠堂。春游惠山烧香，拜祭先人，以求福荫后代，成为各家春天里的头等大事。

惠山寺

惠山上祠堂多。周代奔吴的泰伯，春秋时期的钱武肃王，战国的春申君黄歇，东晋的"画圣"顾恺之，还有写出"谁知盘中餐，粒粒皆辛苦"名句的唐代宰相李绅，"茶圣"陆羽，宋代提出"先天下之忧而忧，后天下之乐而乐"的范仲淹，元代大画家倪云林，明代清官海瑞……惠山东麓的古祠堂数不胜数，祠堂建得形态各异，富有特色，有的如公馆会所、书院戏台，有的如高楼牌坊、照壁楼阁，有的似酒肆茶楼、码头桥梁，惠山不仅是名门旺族祭拜祖先的风水地，也是平头百姓祭扫家人的地方。如今的惠山名祠几经修复，渐渐形成古镇风貌，名祠成为惠山古镇一块响当当的招牌。

惠山寺

顾端文公祠

这春天里的头一炷香，是烧给先祖先宗的，第二炷香，则是烧给玉皇大帝的。无锡民间以农历三月十四日作为玉帝诞辰，以前惠山上有座玉皇殿，每年玉皇大帝诞辰的时候，四乡八方的百姓前来惠山朝山进香，香会的热闹能持续一个多月。现在惠山上除了玉皇殿，还重新修建了一座惠山寺，是惠山古镇的一部分。

惠山寺始于南朝刘宋时期司徒右长史湛挺创立的"历山草堂"，多次被重建。清康熙南巡的时候，曾来惠山寺喝茶品茗。乾隆六下江南，每次都来惠山，题下"惠山寺"的匾额。咸丰年间，李鸿章的淮军在此与太平军激战，惠山寺被毁，仅存匾额。

如今的惠山寺，虽然是今世重建，但仍保留一些古物，如梁朝大同年间的龙眼泉，唐宋石经幢，唐代听松石床，无锡最古老的石桥——北宋靖康年间的金莲桥，明洪武老银杏树，康乾留下的清御碑等。现在越来越多的无锡人把惠山寺作为一个休闲的地方，而烧香许愿则前往无锡马山附近的灵山大佛，大概是佛大好烧香吧，似乎那里的菩萨才够灵。

灵山大佛

　　江南禅寺佛殿众多，唯独灵山大佛属于后起之秀，大有冠盖江南之势。江南大地的善男信女们到了无锡的灵山，抬头仰望那高88米的青铜大佛像，都会双手合十，虔诚起来。坐落于无锡马山秦履峰南侧的大佛，建于1997年，人们也许都忽略了那处始于唐宋的古刹祥符寺，只见得巍然屹立、背山面水的释迦牟尼佛，还有2006年落成的灵山梵宫，让每一个参观朝拜的人都惊讶得差点掉了下巴。

　　其实灵山大佛既适合笃信佛教、皈依佛门的信徒，也适合对佛教有所了解但未必深入的俗人。登上219级台阶来到大佛脚下，在巨大的佛像下面，人类显得多么的渺小，佛像给人们带来的宗教心理渲染无疑是成功的，法相庄严、菩萨低眉，宗教的感染让每一个人在大佛脚下产生一种敬畏感，那是对巨大无比的佛像的崇拜，尽管这佛像的历史只有短短十余年，就连锻造这佛像的南京晨光集团，都比无锡马山香火旺盛的历史要早上100多年。

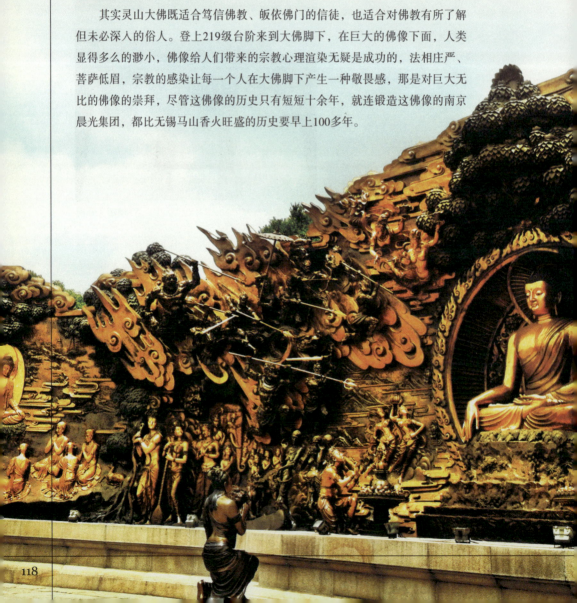

　　这是非常有意思的事情，"洋务运动"时期，李鸿章创办的中国近代四大兵工厂之一的"金陵机器制造局"（南京晨光集团的前身），一百年后居然造出了举世无双的大佛像，还真是应了那句老话——"放下屠刀，立地成佛"。

　　让很多到过灵山的人觉得壮观的，是每天四次的九龙灌浴表演。利用现代的机械、声电光控等技术，再现"九龙灌浴、花开见佛"的佛家典故。传说佛祖释迦牟尼诞生的时候，朝着东南西北四个方向各走七步，步步生莲。又有九条巨龙吐清净水，灌太子身，于是自古以农历四月初八作为佛祖诞生的日子，又叫"浴佛节"。

　　灵山大佛的"九龙灌浴"表演说的就是佛祖诞生的故事。只见广场中央那朵巨大的含苞莲花，在音乐和喷泉表演之中慢慢张开，一位金身太子佛像展现在众人面前，人们纷纷围住广场四周的8只凤凰，争相接饮从凤凰口中流出的"圣水"，这就是佛教中所称的"八功德水"，听当地的人说，喝了这水能延年益寿呢！

　　灵山大佛让游人称道的还有2008年建成的灵山梵宫。气势磅礴的壁画、油画，精雕细琢的浮雕、木雕，建筑上叹为观止的精美天花、藻井、斗拱，精致细腻的琉璃、景泰蓝、青花瓷、汉白玉，几乎用上了各种视觉艺术，加上现代音效、光效，极尽艺术渲染之能事，也许这正是传统与现代相结合、用艺术来表现宗教的一种全新方式吧。

灵山梵宫

景色

在如今各地城市中心建造高楼、发展CBD的时候，无锡仍保留了这样一块净土作为花园，并坚持了100多年，这正是一座城市光阴岁月的积淀，也正是一座城市让人热爱的理由。

鼋头渚

看到这三个字，很多人心里都有点犯怵，三个字里有两个字是陌生面孔。"鼋"字，可以念字的半边，念作"yuán"，意思是大龟，是淡水鳖的一种，体形巨大。古代传说里说"龙生九子，种种不同"，排行老六的叫做"赑屃"，体形巨大，力大无穷，于是被分派着去驮大石碑，这传说中的赑屃，也就是鼋。

还有一个字"渚"，这个字可不能念字的半边，应该读作"zhǔ"，其意思就是水中的陆地。鼋头渚，顾名思义，就是无锡太湖中的一块湖中陆地，由于像大鼋的头，因此被称为"鼋头渚"。

说到游太湖，言必提到"鼋头渚"。当年郭沫若盛赞"太湖佳绝处，毕竟在鼋头"，鼋头渚把江南园林都纳入这满眼的湖光山色之中，一廊一桥，一堂一亭，自然多了些水泽之气。比起苏州的园子来，这里的天然山水出园林更叫人神清气爽，隔着湖面飘来的凉风，穿行在古色古香的亭台楼阁里，登上小山顶，看太湖的烟波浩渺。近

太湖仙岛

几年太湖的污染，一直是一个让无锡人头疼的话题，5年前太湖蓝藻泛滥，水里都漂着绿色的浮游生物，这是水质恶化后的产物。近些年来通过改造，太湖的水似乎比以前要好一些，但每个无锡本地人都会怀念10年前、20年前，甚至更早的太湖那一望无际的碧波。

鼋头渚最适合春天前去。夏日炎热暴晒，秋冬湖阔风大，唯有春天最适宜。园内有一处中日樱花林，每当4月樱花盛开，便是绯红的一片，走在樱花堤岸上，倒有了些北海道看樱花的意趣。

天下第二泉

无锡人爱喝茶，虽然不拘泥于茶叶的种类、品相，但是凭着一把好紫砂，一汪好泉水，这就应了那句"独携天上小团月，来试人间第二泉"的老话。宜兴有上好的紫砂壶，无锡就有天下第二泉，再加上无锡隔壁洞庭山上产的碧螺春，在太湖边上，在亭台楼阁里，无锡人把一壶好茶，喝出了雅意。

还记得有一回在锡惠公园映山湖边的嘉树堂旁，看到一家露天的小茶社，几张竹椅、竹凳，供游人歇歇脚，喝杯茶。坐在景致环抱的映山湖边，头顶是葱郁的树木，远处是苍翠的锡山，山上有座龙光塔，塔影倒映在湖里，与湖边的六角小亭交相辉映。就被这样一处江南景色环抱着，喝上一杯几十元的碧螺春，那滋味，真是把惬意两个字诠释尽了。

无锡的茶好喝，得益于水。

当年唐代的"茶圣"陆羽，把天下水分为二十等，无锡惠山泉水名列第二。惠山南邻太湖，北靠长江，自然水脉丰富，历来就有"九龙十三泉"之美誉。惠山寺附近的这眼惠山泉，原名漪澜泉，开凿于唐代大历末年，分上下两池，上池是圆形池，水色清澈碧绿，下池是方形池，水质稍欠。自从陆羽把此泉评为天下第二泉，惠山泉就名声大振，诗人李绅赞美此泉是"人间灵液，清鉴肌骨，漱开神虑，茶得此水，皆尽芳味也"。

这"天下第二"的美名，传到了宋代，让那位爱喝茶的大学士苏轼念念不忘，他特意带了一种名叫"小龙团"的福建茶饼前来无锡试饮第二泉，一泡过后，细细品尝，便大为赞叹，觉得第二泉的水堪称"乳水"，色味奇绝。一直到苏轼前往杭州之后，还对第二泉的水念念不忘，于是写信给无锡的县令，请他千里送甘泉。后来苏轼被贬谪到广东的惠州，在当地喝到了一种泉水，觉得和第二泉味道接近，于是欣然命名为"通惠泉"。

第二泉也曾一度干涸，水质遭到破坏，不过经过近几年的整治，又恢复了泉水的甘冽。第二泉曾经一度还被人们当作许愿池，把硬币扔进去，据说如果硬币浮在水面上，就会梦想成真，于是水池底总躺着一些银光闪闪的硬币。

寄畅园

中国的十大园林，江苏有四，苏州的网师园、拙政园、扬州的个园，还有就是无锡的寄畅园。而十大园林在列的北京颐和园、圆明园，都有仿寄畅园而建的景致，可见寄畅园深得康熙和乾隆帝的喜爱，难怪这两位皇帝巡游江南的时候，几乎每次都要到寄畅园里去探古寻幽。

今天的寄畅园，和惠山寺、天下第二泉皆统在锡惠公园内，位于惠山东麓。寄畅园原本是惠山寺的僧舍，明代嘉靖年间，南京兵部尚书秦凤山买下辟为私家花园，取名为"凤谷山庄"，后来历经族侄秦瀚、秦瀚之子秦梁等秦氏家族几代人的修葺，凿水池，全假山，园中移步换景构成了20景，取了王羲之诗"取欢仁智乐，寄畅山水阴"里面的"寄畅"二字，得了这寄畅园的美名。

寄畅园就像一个大盆景，人如在盆景中穿行游走。园内有假山、有曲水，还有锡山、惠山环绕，近处有古树，远处有古塔，游在园内，移步换景。记得第一次去寄畅园，是刚从苏州回来，带了朋友游无锡太湖，时间有余，于是无锡当地的朋友

锡惠公园

御碑亭

就说，不妨去寄畅园吧。那时候正值秋天，寄畅园里在举行一年一度的菊花展。这菊花展，早个20年，在各大城市都很盛行，有各种大立菊、嫁接菊、悬崖菊、案头菊，菊花还被扎成各种造型，摆出各式盆景。那天游客不多，都是周末来此休闲的附近人，和苏州园林的熙熙攘攘相比，寄畅园秉承了乾隆皇帝当年评价"爱其幽致"的气质，在里面转悠，如同闲庭信步，很是惬意，没有在热门旅游城市景点游玩的感觉，倒像是自己也成了一个无锡人，趁着周末闲暇和三五好友前来寻秋，喝上一壶碧螺春，看菊花红叶，看湖光山色，看满园秋色。

梅园与公花园

阳春三月，梅花绽放，蛰居一冬的人们呼朋唤友，前来赏梅。国内赏梅佳处甚多，如武汉东湖的梅园，苏州邓尉山梅园，杭州孤山、灵隐的梅林等等，十大赏梅地点其中一处就是无锡的梅园。

无锡梅园建于近代，是著名的民族工业家荣宗敬、荣德生兄弟出资建造的，他们最开始的想法是"为天下布芳香"，这样的宗旨，倒有点"天下为公"的意思，这是近代有识之士的一种胸襟。事实上，当年荣氏兄弟创办实业，不与日本人为流，不与卖国贼为伍，创办实业的同时还创办公益工商学校，并建造了这座造福一方的梅园。

梅园选址在无锡市西郊的东山、浒山附近，园子背龙山九峰，面朝太湖。园中的老梅、新梅算起来有4000多株，有40多个品种，比如常见的绿萼、宫粉、朱砂、玉蝶等等。

梅园赏梅，成为无锡一带每年春天最大的盛事。园内千株梅花竞开，形成一片"香雪海"，让人心旷神怡。那些窈窕多姿的梅花，或新梅吐芳，或老梅绽放。最诗意的一句话就是——春天，从梅园开始。

不过，每当梅花盛开的时候，梅园里的游客总是人满为患，而且以外地游客居多。其实本地的无锡人，更喜欢去一处叫做"公花园"的地方怀念旧日时光。

第一次听无锡的朋友提起公花园，着实误会了——有"公花园"，难道还有"母花园"？后来才知道，这"公"是"公家"的意思，这是园林界公认的我国第一个公园，是1905年无锡人在城中几处私家小花园的基础上建造的一座坚持不收门票、不设进园门槛的花园。可以这样说，比起后世那些收门票的公园，这里才是真正意义上的"公"园。

让无锡人自豪的是，公花园建成之后5年，孙中山先生就在南京就任中华民国临时大总统，这座公花园秉持的游园理念，和孙中山先生提出的"天下为公"不谋而合。这座小公园，陪伴着无锡人走过的是百年的历史，也是无锡人日常生活不可缺少的部分，老少咸宜，就像无锡人自家的后花园一样对每个人都露出亲切的笑容。

公花园闹中取静，规模不大，却有24处景致，有廊亭，有曲水，让人流连忘返。有的无锡人从小就在公花园里玩耍，恋爱、生子后带孩子来公花园热闹，等孩子结婚后抱上孙子，又带孙子来公花园溜达，孙子长大了，就约上耄耋老友，重新回到公花园里的同庚厅，喝茶、下棋、打牌、聊天。在这幽静处，他们也许能回到儿时的快乐时光。

公花园也有传说。据说春秋时期楚国春申君黄歇在这里建造过行宫，王羲之也曾在这里建造过宅院，这些传说故事，都说明了无锡人对公花园的热爱。在如今各地城市中心建造高楼、发展CBD的时候，无锡仍保留了这样一块净土作为花园，并坚持了100多年，这正是一座城市光阴岁月的积淀，也正是一座城市让人热爱的理由。

民间

无锡珍馐倒也没有，"太湖三白"、阳山水蜜桃虽大名鼎鼎，但这上天赐予的精灵，每年出货的日子短，转瞬即逝。

水蜜桃

　　无锡的水蜜桃真算是天上掉下来的灵物，比之妃子笑荔枝有过之而无不及。水蜜桃成熟之后，非常金贵，用手碰不得、摸不得，一碰即烂，一挤即坏，从采摘到品尝，也就三两天的工夫，再多放几天都会坏，并且绝对不能放冰箱里冷藏。一来二去这无锡水蜜桃成了只有在华东地区才得以一饱口福的"尤物"。

　　无锡的水蜜桃，不像别处一般垒起来、摞起来放在水果摊上陈列。无锡早年的桃农都把桃子一个个放在大圆屉笼中上市出卖，每只屉笼还写某人、某生产大队，这样一来顾客就可以认笼买桃，省心得很。

无锡泥娃娃

无锡的水蜜桃都冠以"阳山水蜜桃"之名，除了阳山的种好以外，阳山死火山的地质条件和太湖的小气候，造就无锡水蜜桃的传奇。无锡的水蜜桃，全盛期在7~8月。7月份早熟的白凤桃，果色清白，带有很淡的红晕，气味清香；而8月份主产的是湖景桃，果色更加红润，甜度更高，犹如少女变少妇，风韵成熟，品过之后唇齿留香。

据无锡的朋友们说，最好的水蜜桃，是可以直接插根吸管去吸里面的桃汁的，这样的水蜜桃该水灵到何种程度？

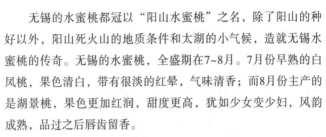

惠山泥人

到过无锡的人，没有不知道无锡大阿福的。第一次从无锡游玩回来的人，总会在桌上摆上一对阿福泥人。大阿福色泽鲜艳，造型饱满圆润，憨态可掬，成双成对，让人爱不释手。

中国现存比较著名的泥塑，一是天津的泥人张，一是广州陈家祠里的泥塑建筑，还有就是无锡惠山泥人。现在惠山一带的街道上，开满了各式各样的泥人店，被誉为"泥人一条街"。

惠山泥人，起源于惠山山麓，用惠山山上的黑黏土，经过捶泥、打稿、捏塑、制模、印坯、整修、阴干、上底粉、上色、开相、打蜡等十几道工序制作而成。惠山泥人除了阿福，还有小花囡、车老虎等，以大阿福最为著名。因为大阿福的造型笑容可掬，面满如月，憨态可喜，又身着大红大绿乡土气息浓郁的传统服饰，脖子上挂金锁，手里捧着金元宝，很有福相，所以深受大家的喜爱。

大阿福的传说有很多版本，其中说得最多的是古时候惠山有只怪兽，作威作福，专门抢小孩吃，伤害百姓，后来天神派沙孩儿下凡除害，扮作一对金童玉女，与怪兽展开搏斗，最后降伏了这只怪兽。惠山的百姓为了纪念这对为百姓做好事的金童玉女，于是就塑造了泥像供奉，称作"大阿福"。

据说，北京奥运会的吉祥物"福娃"，灵感也是来自无锡泥人大阿福。

讲解紫砂壶制作工艺

宜兴紫砂壶

　　说起宜兴的紫砂壶,这可是门大学问。从紫砂壶的制作、购买、收藏、把玩、使用,个个都有说头。从明代正德年间开始,宜兴紫砂壶就成为当地一大特色,有制作紫砂壶的大师,也有收藏紫砂壶的大师,还有专门鉴定紫砂壶的大师。收藏界有一句老话:"人间珠宝何足取,宜兴紫砂最要得。"说的就是一把好壶,价值连城。

　　江浙一带,历来有饮茶的风俗,无锡地区尤甚。有了好的二泉水,没有好壶来泡茶,怎么行?明代正德年间,宜兴金沙寺的僧人因为陶缸得出灵感,用当地的细土捏坯为壶,放在陶穴里烧制而成。后来供春以紫砂泥为壶,泡出来的茶水香气满屋,壶壁也能吸附茶香。一把长期泡茶的好壶,就连倒入开水也会茶香犹存。渐渐地,江浙文人雅客以用紫砂壶泡茶为时尚,推崇宜兴紫砂壶。而历代工艺大师,也把制壶从普通的手艺发展成艺术,宜兴紫砂壶渐渐地就成了收藏界、工艺美术界的一门大学问。

　　如今到了无锡,到了宜兴,很多人都会挑上一把称手的紫砂壶。其实挑选紫砂壶也有技巧,通常以形、神、气三个要素为挑选标准。好的紫砂壶,壶口、壶盖密封吻合,壶的口沿、嘴沿厚薄均匀,壶嘴、壶把、盖纽三点成一直线,壶胎色泽油光,摩挲上去手感舒适,而壶的造型则千奇百怪,选中一个自己喜欢的造型,有时候也要靠眼缘。

不过宜兴紫砂壶市场，按照俗话来说，就是"水深难涉"，要挑到一把价值相当的好壶还真不容易。特别是在各级工艺美术师多如牛毛的今天，很多紫砂壶都为自己寻了一张宣纸写就的"工艺证书"，包装上一只精美的锦盒。所以在大市场里，最好能找到熟识的行家，帮忙"掌眼"。

三凤桥酱排骨

无锡菜偏甜，恨不得炒青菜都加勺糖。

浓油赤酱，这是无锡烹调荤菜的传统做法，带给吃客大快朵颐的快乐不言而喻。相传是济公和尚为了报答三凤桥肉庄老板的施舍，特别献出配方烹制成的，从此三凤桥肉骨头以色泽酱红、香味浓郁、骨酥肉烂的独特风味，连同这个美丽的民间传说而名声大振，百年不衰。

当然更神奇的传说，是关于三凤桥的来历。传说无锡的石桥旁边有家豆腐店，店门口扔了只破石臼，有一天一个外乡人经过，定眼一瞧，认出了这只破石臼是个宝贝，于是当场掏出定金向豆腐店的老板买下。老板见这样的破石臼也有人要，于是就连夜用扫帚把它洗干净，收拾好，准备让外乡人带走。结果第二天外乡人看到那只干干净净的石臼，立刻就摆手不要了，原来他相中的不是石臼，而是石臼里面的破烂鸟毛，那堆鸟毛是天上的凤凰下凡，变成三只小鸟蜷在石臼里过一晚留下的，据说这些羽毛放在水里，能让水清澈，放在菜里，能让菜飘香——这才是外乡人要买的宝贝呀！

石臼没有卖成，豆腐店老板有些郁闷，于是就烧了两斤肉骨头准备喝酒解闷。老板娘用那只洗了石臼的扫帚把铁锅一刷，就熬起了肉骨头，结果万万没想到的是，这肉骨头熬出来异香无比，香飘几里，那肉咬在嘴里香酥易烂，香味把街坊邻居都吸引过来了。

后来豆腐店就改成了酱排骨肉店，老板把肉汤一次又一次地留了下来，每次煮酱排骨的时候就加一点，前来买酱排骨的人，每天都排着老长的队伍。因为这酱排骨得益于天上下凡的三只凤凰，于是大家就把这地方叫做"三凤桥"，把这酱排骨称作"三凤桥酱排骨"。后来一传十十传百，人们都知道了三凤桥的酱排骨。

如今的三凤桥酱排骨，由于真空包装技术上的改进而成为全国各地超市货架上的常客，这"凤凰"也飞上各地百姓桌了。

馄饨小笼

有个无锡朋友和我说过，无锡人基本不吃烟熏腌渍的东西，有新鲜的何必吃不新鲜的东西呢？无锡珍馐倒也没有，"太湖三白"、阳山水蜜桃虽大名鼎鼎，但这上天赐予的精灵，每年出货的日子短，转瞬即逝。

不过无锡人每天都可以吃到一些平常的美味。

无锡小吃店，当地人都称作点心店。点心，点心，就是点点心，垫垫饥。下午三四点钟，肚子有点空了，馋虫来了，点心店的生意就开始了。传统的吃法是，一两三鲜馄饨加一两小笼包子。

说到这点心的分量，也许会有人笑话南方人小气，一两的东西怎么吃？其实这里有所误解，"来一两馄饨"或者"一两小笼"是粮票时代遗留下来的叫法，意思是来一两粮票能买到的馄饨、小笼。

三鲜馄饨，以鲜肉、开洋、榨菜制成馅心，故称"三鲜"，并以肉骨头吊汤，以豆腐干丝、蛋皮丝为佐料。用料看似平常，但馄饨的皮子厚薄适中，好的师傅下出来的馄饨又白又滑，馄饨保证都有一整只的开洋（一种去皮腌制过的虾仁干），而海米和鲜肉的香味相得益彰。一两馄饨下肚，配上四个小笼包，这样的美味足以让每一个来到无锡的人吃上瘾。

常州人文地理

CHANGZHOU RENWEN DILI

往事

人们习惯把工业、轻纺业和常州紧密联系在一起，而忽视了它的悠久历史。

淹城春秋

说起常州，很多人会想起把常州、苏州、无锡并称为"苏锡常"的这个简称，这是当地经济发展形成的一种"苏南"模式，对应着经济相对稍欠的苏北、苏中等其他地区，苏锡常的头顶上一直有着闪亮的光环。

在这道光环里，排在苏州、无锡后面的常州，是略微有些尴尬的，大家耳熟能详的是苏州园林、无锡太湖，提起常州，一时间还想不起常州有什么出名的人文景观、自然风貌，也许中华恐龙园国家5A景区会让孩子们向往，但这也是后世建造的人工景点，人们难以在疯狂的过山车和光怪陆离的游乐场里看到一座城市的历史。

如果时光倒退20多年，改革开放之初，常州是以工业明星城市知名的。早在20世纪初始，常州就是民族实业的新兴地之一，清末创办实业的盛宣怀、大成纺织染公司的创始人

红梅公园

刘国钧，他们都与常州有着千丝万缕的联系，沿着运河，常州附近的棉纺织业、缫丝业、面粉业等非常发达。改革开放之后，农机制造业、汽车业、纺织服装业、生化医药业也相当发达，常州在苏南乃至江苏、全国的经济发展中都扮演着举足轻重的角色。

春秋城门

其实常州的辉煌，不仅仅是近现代工业。上溯到唐代，常州就是当时重要的产纸地之一，也是织业发达地区之一。"新妆巧样画双蛾，漫裹常州透额罗"，常州地区出产的"透额罗"和宋代时期出产的"晋陵绢"都深受欢迎，"日出万匹，经纬天下"，常州和苏、杭、湖、松并称江南五大丝织产地。明清时候"常州贡纱"和"宫梳名篦"，也让常州成为全国重要的赋税区域。

于是，我们会把工业、轻纺业和常州紧密联系在一起，而忽视了它的悠久历史。常州的历史，应该从春秋时候开始。

常州古称"延陵"。早在春秋时，吴王之子季扎躬耕舜过山，后来被封于延陵，到了西汉，汉高祖五年（公元前202年）改延陵为毗陵，为避讳，在西晋永兴元年（304年）改毗陵为晋陵。直到隋文帝时期，开始常州之名。清代常州府下统领八县，由此常州得"中吴要辅，八邑名都"的美名。倘若要在常州寻找春秋遗迹，恐怕要让你失望了。但是常州往南不到10公里的地方，在常州武进区湖塘镇内，有一处淹城，地貌独特，有春秋遗风。

20世纪30年代，考古学者卫聚贤和陈志良于《奄城访古记》中写道："今常州城南二十里许有奄城遗址，亦作'淹城'。"《越绝书》也记载："毗陵县南城，故古奄君地也。"奄，是商代后期的一个古国名，在今天的山东省曲阜旧城东。而常州南部这处面积约60万平方米的淹城，推算其历史，大概有2500多年。

这是一处我国目前保存最完好的春秋时期地面城池遗址。城分三城三河，由外城、内城、子城构成，城与城之间是河，分别是外城河、内城河、子城河。淹城是世界上唯一的一处三城三河形制的古城。外城有10多处烽火墩，高近10米，构成了整座淹城的军事要防。当时奄王就是凭借内外三城三河的地理优势抵抗吴王进攻的。

里罗城，外罗城，中间方形紫金城，三套环河四套城；

内高墩，外高墩，四周林立百余墩，城中兀立玉女墩；

内河坝，外河坝，通道唯有城西坝，独木舟渡古无坝。

这是民间传诵形容淹城的民谣，形象地说明了淹城的建制。从空中看淹城，三道城墙逶迤，碧波荡漾，有点像麦田里的"怪圈"现象，不过这个圈，是人工挖建而成的。

淹城内有3座墓墩，据说是奄王女儿的墓葬。1958年，在淹城护城河内发现了一条古代独木舟，这条独木舟距今2900年左右。独木舟由整条楠木挖空而成，内有炙烤的痕迹，印证了《易经》上的一句话："刳木为舟。"

淹城的主人究竟是谁？至今还是一个谜。有一种猜测是周朝时期山东曲阜以东有一个小国，叫"奄国"，后来因为战乱，奄国人便逃到此地开沟为渠，堆土筑城。古代"奄"和"淹"通用，所以叫做"淹城"。还有一种猜测是吴公子季扎在此修建城池，因为他不满阖闾刺杀王僚夺取王位，于是与阖闾决裂，决定"终身不入吴国"，这座城池表示其"淹留"此地的决心。更有一个近几年才浮出水面的猜测，吴越争霸，越国败降，越王勾践俯首称臣，吴王夫差就把越王勾践作为人质监禁在淹城。从淹城的形制来看，里外三城，中间水阻，只有一条通往外面的路，倒确实有几分像囚禁之地。

不管怎样，如今的淹城被开发成春秋淹城旅游公园，多了些商业气息，少了些野趣。

运河之叹

翻出一张老地图，从地图上看，运河流经常州，就像一条玉带，托住了整个城市，运河的北岸，就是繁华的中吴要辅。以前常州人习惯将运河以南的地区称为城外、城郊，这从一个侧面说明常州的运河文化大抵分布在运河的北侧。

纵观整条运河，在常州地界内的河道其实不算长，大概只有几十公里。春秋时期吴王夫差挖掘江南运河，常州这段称为"前河"，从西水关桥开始，经过天禧桥、新坊桥、元丰桥，再由东水关桥流逝而去，这一段是现在常州最早的古运河。元朝时又开凿了"城南渠"，明代万历年间在城南渠的南部开浚了新城东南濠，几经疏浚，流至今况。

可惜运河尚在，石桥已拆。当年横跨运河的西仓桥、文亨桥、白家桥、惠济桥、德安桥等，在后来的城市建设中一一被拆毁，承载着运河文化的苫塘桥河段、市河段、米市河段、毗陵驿河段等河段，也在城市进程中退下历史的舞台，如今再来常州，原汁原味的江南水乡貌虽说风韵犹存，但却没有当年"三吴重镇、八邑名都"的气势了。

古老的运河，深深的叹息。

人文

> 常州有一座东坡公园，这绝对不是什么牵强附会的"抢名人"效应。

舣舟亭

舣舟亭在东坡公园内。

常州有一座东坡公园，这绝对不是什么牵强附会的"抢名人"效应。苏东坡之于常州，可不是像某些地方打名人牌一般硬扯些许关系，而是苏大学士自己要来常州，还正儿八经上表皇帝，写过一篇《乞居常州表》。

说来奇怪，提起苏东坡，人们会想起至今杨柳依依的苏堤——杭州，自封名号"东坡居士"的黄州，还有"不辞长作岭南人"的惠州，甚至是远谪之地海南，也就是当时的儋州，按照东坡先生自己的说法："问汝平生功业，黄州惠州儋州。"很少人会注意到，原来常州竟然是他的终老之地。

据统计，苏轼一生到常州11次，在四十不惑之时，就想过来常州定居。等到官场沉浮、尘埃落定之后，从海南流放回来的苏轼，在北上告老还乡途中路过常州，决定留下不走了。

苏轼到了常州，就寓居于顾塘桥头的藤花旧馆，据说现在宅内的海棠是东坡手植。紫藤下本来有一块青石洗砚池，长1米，宽0.5米，也是东坡所用之物，后来乾隆下江南的时候，常州当地为了接驾，特意把洗砚池搬到舣舟亭附近。

舣舟亭，顾名思义，就是停舟下船的意思。其实舣舟亭是常州百姓为纪念苏轼而建。舣舟亭所在地原是文成坝，传说是为了留住常州的人杰地灵，防止才气东流，所以在运河边上筑坝让河水拐一个弯儿再走。因为苏轼在定居常州之后没过多久就一病不起，

苏东坡塑像

舣舟亭

不到几个月就梦断常州了。为了报答苏轼对常州的深情厚谊，于是就有了这座舣舟亭。其实苏轼在舣舟亭附近系舟登岸，可能也就两次而已。乾隆来此凭吊的时候，题诗四次，并赐下"玉局风流"的牌额留在亭上，不过现在已经散失。

东坡公园由两座半岛组成，一座三面环水，另一座是运河中的半月形沙洲小岛，两岛之间古桥连缀，别有幽趣。

瞿秋白故居

常州名人故居甚夥，但是被修葺好作为访古探幽的旧所却不算多。哪怕是写过《廿二史札记》，与袁枚、蒋士铨并称为"江右三大家"的著名史学家赵翼，他的故居至今仍住着人家，大门紧锁拒绝探访。

不过瞿秋白故居如今已整葺一新，由瞿秋白的诞生地八桂堂天香楼和城西瞿氏宗祠组成，以供来访者凭吊。这位和张太雷、恽代英并称为"常州三杰"的中国共产党的领袖人物和文化伟人，竟然与八桂堂结下不解之缘。

八桂堂在常州，也是有些个来历的，这与另一位常州名人唐顺之有关。明朝时候，唐顺之因为会试得了第一名，就在青果巷建了一座大宅院，小半个青果巷都是其宅地，为讨口彩，便在宅院里栽了八棵桂花树，因此号为"八桂堂"。唐顺之是明代著名的抗倭英雄，文武双全，并且是明代散文四大家之一。

后来八桂堂被瞿秋白做着布政使三品大官的叔祖父买下，瞿秋白的父亲穷困潦倒，寄居在八桂堂天香楼内，后来叔祖父过世，瞿秋白一家失去倚靠，被迫搬出天香楼，在族人的冷漠中搬进叔祖父在城西所建的瞿氏宗祠。

瞿氏宗祠现在成为瞿秋白纪念馆，带着崇敬的心情前来参观，这是对年仅36岁革命先驱的怀念吧。

瞿秋白故居

景色

> 登塔，极目远眺城市，也许能感受到一些"常州星象聚文昌"的古风文化。

篦梁灯火

篦箕巷

篦梁灯火大概只能存在人们的想象中了。这是常州旧日西郊八景之一，形容的是落日时分，华灯初上，老街的骑楼梁下每家铺面都亮起了自家的招牌灯，灯火彻夜通明，五颜六色的灯火倒映在运河水中，随着水波碎落一地。运河上往来的船只、停靠岸边的船家这个时候也亮起油灯烛火，这些明晃晃的灯影交相辉映，分不清哪些是梁下的灯火，哪些是江上的渔火，月光、灯光、波光交映，水声、步声、橹声、劈竹声相汇成乐。篦梁灯火留在人们记忆中的，是自古以来篦箕巷的商贾繁华。

篦箕巷在常州城西古运河的北岸，明代正德年间就在此设毗陵驿，以供官差驻马休憩，在清乾隆年间，毗陵驿也被称为皇华馆。接官亭叫做皇华亭，亭前的码头叫做大码头，当年官场往来、觥筹交错之地，如今只剩下大码头及牌坊、毗陵驿石碑、皇华亭，那些旧日的盛世繁华，都随着运河水向东逝去。

篦箕巷又叫花市街，以前是梳篦和宫花的制作、集散中心。常州历来有"梳篦甲天下"的美誉，出产制作的宫梳名篦，浸润着江南水乡的精致和脂粉气，就连苏轼，也写过"梳头百余梳，散头卧熟寝至明"的句子，这估计是常州梳篦最好的广告词了。旧时的花市街上，家家做梳篦，世代都从事着"削竹成篦"的营生，著名昆曲《十五贯》，就是以熊友兰从苏州携带十五贯钱来常州买梳篦为由头。梳篦生意的兴隆昌盛，成为常州一大特色，乾隆下江南的时候，看到这里的梳篦生意如此兴旺，于是赐名为"篦箕巷"。

文笔夕照

"天下名士有部落，东南无与常匹俦"，这话表扬的是常州人杰地灵，人才辈出。常州不仅有"常州三杰"，还有"常州今文经学派"、"阳湖文派"、"常州词派"、"常州画派"、"孟河医派"。《昭明文选》的编纂者昭明太子萧统、《永乐大典》的主编陈济、《官场现形记》的作者李伯元都是常州人。常州还出过各个领域的巨擘大家，如学贯中西的语言学家赵元任、数学家华罗庚、现代戏剧家洪深、书画大师刘海粟等。"常州学派"之一的龚自珍曾振聋发聩地呐喊："我劝天公重抖擞，不拘一格降人才。"而出生于斯的赵翼也说过"江山代有才人出，各领风骚数百年"的话。常州真是一个人才济济的地方。

有人会说，是因为常州的文笔塔，才会聚了如此多的文人大家。

文笔塔建于南齐，在科举制度建立之前，文笔塔就已经屹立于此。文笔塔本名建元寺，又称塔下寺，后来又改为太平寺。因为此塔形似文笔，屹立城中，所以称为文笔塔，并被文人视为笔魂。北宋大观年间，仅常州进士就占了53个席位，是全国的五分之一。于是皇帝赐名此塔文笔塔，拜文笔塔则成为文人赶考之前必备的功课。

如今文笔塔在红梅公园的南端，文笔夕照是常州著名的八景之一，这源于宋代诗人杨万里的诗句"太平古寺劫灰余，夕阳惟照一塔孤"。登塔，极目远眺城市，也许能感受到一些"常州星象聚文昌"的古风文化。

文笔夕照

红梅公园

因为有红梅阁，所以有了红梅公园。

红梅阁在红梅公园的东南角，始建于唐代，距今1000多年的历史。最初是水田寺的一部分，后来归荐福寺。相传北宋年间，道教南宗始祖紫阳真人张伯端就在阁内著经。红梅阁几经兴废，于清光绪二十六年（1900年）重建。

红梅公园

红梅阁为砖木结构，重檐歇山顶，斗拱飞甍，下有回廊，阁高17米，分上下两层，上层为祀玉室，下层为祀师堂。前面的院落原本种植红梅翠竹，红配绿，翠映红，倒是一派好春光。历代题咏红梅阁，最为称著的是"常郡之巨丽"、"拟仙都之仿佛"，赵翼也写过"红梅一树灿如霞"的诗句。阁前有冰梅石柱，石柱纹似冰梅，莹白带光，"甲于哥窑"，这冰梅石柱是元代天庆观牌坊石柱，留传至今。

红梅公园有了红梅阁、文笔塔，再配上笔架山、文笔楼，还有些水榭亭台、画舫轩廊，倒是一个休闲的好去处。全园有八景：红梅春晓、古刹钟声、曲池风荷、青峦倒影、凤桥花径、翠薇秋霞、孤山雪松、文笔夕照。

这是一个典型的古今结合的江南园子。

天宁禅寺

天宁禅寺算得上是红梅公园的老邻居了，隔着一条小河，隔岸相望。天宁禅寺建于唐代永徽年间，又称天宁寺，是江南名刹之一，也是常州现存最完整的古刹。据说天宁禅寺有五大特点：殿大、佛大、钟大、鼓大、宝鼎大。乾隆三次来此烧香拜佛，第一次给寺庙里的僧人赐下各种杂件，给方丈的是"银牌荷包"；第二次赐给方丈"紫衣"，那时候以紫为贵，表示皇帝对寺庙的重视和恩宠；第三次乾隆亲笔御书"龙城象教"，做成御匾高悬在

天宁寺

天宁寺

堂，并且还为大雄宝殿撰了一副楹联："合相证三摩，光融西竺；众香超万有，界现南兰。"

乾隆笔下题的"龙城"，就是常州。根据清代洪亮吉《外家纪闻》记载，每年端午，白云溪一带就开始了龙舟竞渡的活动，每年都是盛况空前，"六龙竞渡白云溪"，两岸都是看热闹的百姓，摇旗呐喊，好不热闹，所以又把常州叫"龙城"。

如今的天宁寺，仍然香火不断，号称"江南第一丛林"。宝刹中必有宝塔，寺内最引人瞩目的还是那座天宁宝塔，但是原塔在宋代已毁于战乱。现在，天宁禅寺重修一座宝塔，以唐宋古塔为蓝本，共13层，塔高153.79米，塔体净高108米，为世界佛塔之最。

天宁寺内还留有一件日晷，每当节气变换的时候，太阳投射出的影子一一与之对应。如今的天宁寺，与镇江金山寺、扬州高旻寺、宁波天童寺齐名，被称为中国禅宗四大丛林。逢年过节，或者遇上大法场，天宁寺的钟磬悠扬，响彻十里之外，听者静心。

天目湖与南山竹海

从常州出发，一个半小时的车程就能到达天目湖。天目湖位于溧阳南端，有沙河、大溪两座国家级大型水库，因为水库修建的地方属于天目山余脉，所以被称为天目湖。

天目湖周围青山绿水环抱，春夏之际前来，湖面凉风习习，碧波荡漾，让人神清气爽，有一种鱼跃鸟翔般回归自然之感。与天目湖齐名的是南山竹海。南山竹海和天目湖相距不远，在湖边畅游之后，到这山水如画、满目苍翠的竹海中，看一望无际的青翠毛竹在山风的吹拂下如波浪般起伏，卷起阵阵"绿浪碧波"，别有一番亲近自然的放松和愉悦。

到天目湖该去吃天目湖鱼头。天目湖鱼头用的是当地湖中上等的野生花鲢，头大肉肥，放在砂锅里文火久煨，鱼头汤味道鲜美醇厚，汤泽乳白，鱼肉酥而不烂，肥而不腻，鲜而不腥，是来天目湖观赏风景之后一道绝好的美味。

天目山

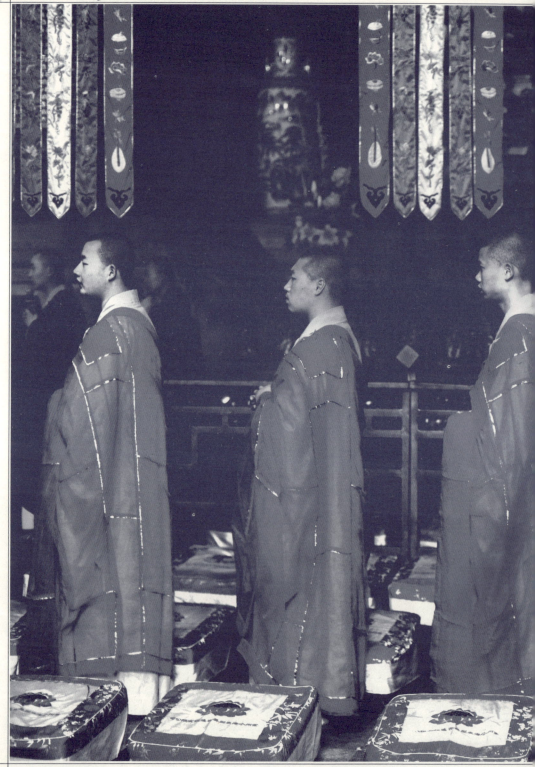

民间

> "篦邀中外缕缕香，梳到古今丝丝润。"常州梳篦经久不衰，是有名的特产。

篦箕巷的梳篦

篦箕巷

如今的篦箕巷，还是做着老式梳篦的生意，有家老卜恒顺梳篦店，是街上最古老的篦箕作坊。"篦邀中外缕缕香，梳到古今丝丝润"，店外挂着的这副对联，可以为常州梳篦作一个经典的总结。

常州梳篦由来已久，史书曾记载"梳篦世家延陵地"，出土的战国时期的木梳上刻着"延陵西门"，常州梳篦经久不衰，流传至今，经典传承，推陈出新，成为常州有名的特产。"宫梳名篦，情同伉俪；延陵特产，花开并蒂。"梳子成为馈赠佳人的最好礼物。在清朝光绪年间，苏州织造府为了讨好慈禧，每年都从常州定制上等黄杨木梳、梅木脊梁象牙梳篦、宫花上百朵送到京城，因此就有了"宫梳名篦"的说法。

常州的上等梳篦，选用的是苏南、浙西等地的阴山壮竹，有韧性和弹性，质地滑润，或者用红木、枣木、石楠和黄杨等名贵树材经过雕、描、烫、刻、磨等工序精心打磨而成。现在的常州梳篦不仅在功用上深受欢迎，同时造型丰富，工艺精美，还有一些新兴的功能品种，享誉海内外。

记得家里有一把"古董"篦子，一直到现在还在使用，篦子梁儿上的烫金字"常州梳篦厂制造 长乐牌"依然清清楚楚，另一面的烫金画是配有"卯兔"二字的月兔图。用了30多年，一把普普通通的篦子能用这么久，可见常州的梳篦如此经用，值得收藏。

镇江人文地理

ZHENJIANG RENWEN DILI

往事

> 晚上睡觉的时候，耳畔依稀传来航船的汽笛声，长江在这里拐一个小弯，镇江人就在长江的怀抱中酣枕而眠。

江河要津

有一位镇江的朋友，曾经形容这座他土生土长的城市是自然的伟大杰作，长江和人工的伟大杰作。这座位于长江与京杭大运河两大黄金水道交叉点上的尴尬江南小城，独自落魄在繁忙的沪宁线上。十年过去了，镇江的尴尬一如既往。这座地道的苏南城市，讲一口属于北方方言的江淮官话，说是江南城市吧，偏偏又在江南的最北角；有着三面临江的江河要塞，不但没有成为经济发达的温柔乡，反而成为惊涛骇浪的兵家地；虽然是古都古朝，却被曾经由自己管辖的六朝古都掩映了光辉；就连寻游三国历史的游客，也多半去无锡三国城里看假古董，而不来这座历史上真正的三国城访货真价实的真遗迹。

西津古渡

其实镇江在江南诸多名城里有着得天独厚的山水优势。大概也只有镇江，把长江像血脉一样融入自己的历史中，这座城市的举手投足无不与江水息息相关。长江就是镇江的天然屏障，从扬州渡江，便是江南。镇江背山面江，地势险峻，单看这一名字，就有气吞山河、威镇一方之势，经历了各个朝代的风风雨雨，直到宋徽宗年间，镇江才有了意为镇守江防之地的名字。

镇江古称"宜"，这是3000多年前最早在镇江这块地方分封建邦的诸侯领地。后来秦始皇在此开凿河道，几千名身穿赭色囚衣的劳力在此终日劳作，于是镇江又称为"丹徒"。镇江还因润浦而得名为"润州"。镇江最初是一个军事名称，宋太祖把驻守润州的镇海军改名为"镇江军"，当时焦山附近有一个长江入海的"海门"，由于长江下游泥沙堆积，海岸南移，这里不再是长江入海口，于是就改名为镇江。2005年通车的镇江与扬州之间的长江大桥，美名为"润扬大桥"，估计是因为"镇"字多少带了点兵火气，还是"润"字来得更加古朴些，吉祥些。

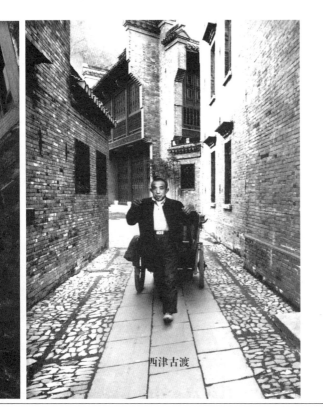

西津古渡

说镇江是江河要津，此话不假。单看镇江的地理位置，雄奇险要，连冈三面，大江横陈，在长江边上登高远眺，可以极目千里，这样的江南重镇，一定是兵家必争之地。古代军事上一直重视镇江，南朝宋武帝刘裕在遗诏中特意强调此处地要让皇亲国戚来把守，不能旁落他人之手。

如今的长江运河，给镇江带来的不再是短兵相接。虽然镇江是沪宁线上不可或缺的一站，可老镇江人还是怀念镇江作为港口航运的重要地理位置，怀念过江的轮渡，那时金山寺的慈寿塔就像航标一样为长江上来往的船只指明方向。当年地理位置带来的繁华，终究随着滚滚长江东逝去，徒留江水拍岸。

前往镇江游一遭，便会发现，重要的人文景观都依江而布，江边有山，山中有景。晚上睡觉的时候，耳畔依稀传来航船的汽笛声，长江在这里拐一个小弯，镇江人就在长江的怀抱中酣枕而眠。

三国重镇兵家地

天赋其险，于是镇江从春秋时期吴楚之争开始，就成为军事要防。北挺三面环水，腹有群峰为垒，东有圌山关，近有焦山口，自古兵家以为，北固山如虎出穴，镇江和南京唇齿相依，和扬州是南北咽喉，于长江运河是江河要津。自东吴以来，镇江犹如东南的七寸，一旦被扼住，江浙就朝不保夕，一溃千里。所以，北固山下有四个苍劲的大字：负楚控吴。

镇江最早出现的城池，是铁瓮城，这是三国时期孙权在其兄孙策派部将修建"屯京城"的基础上整饬而成。当时的铁瓮城不大，周长也就700步不到，却印证了那句"运筹帷幄之中，决胜千里之外"的老话，孙权将政治、军事中心移到镇江，更好地控制了长江中下游，为后来的赤壁之战打下了基础。

修建铁瓮城，东扩京口城，今天镇江的地盘在当时已经初具规模。镇江因三国而生，因三国而兴，是座名副其实的三国重镇。孙刘联姻的甘露寺，孙夫人投江殉情的祭江亭，横江将军鲁肃墓，孙刘赛马的遛马涧，三国的故事在这座城市的街头巷尾流传，哪管它是假历史还是真传说。

不管怎样，镇江这座兵防要塞，比起南京、扬州，甚至是常州，都少了几分战争的残酷，这几个城市都有屠城的记载，唯独镇江苟全其身。越是险要的地方，越容易兵败投诚，镇江的易攻难守，让兵家觉得此处就像一个烫手的山芋，往往大敌当前，驻守镇江的一方便投了降。而在这方土地上流传最广的战事，便是梁红玉擂鼓战金山。

这是戏剧、小说上一个近乎传奇的故事。梁红玉因方腊之乱沦落为京口营妓，在平定方腊的庆功宴上结识了韩世忠，得成眷属。南宋初年，金兵在追逐宋高宗无果之后北撤，韩世忠率八千水军追截，双方在金山附近的长江上鏖战，梁红玉擂鼓指挥，使得金兵在宋军的围杀下不能北渡长江，被逼进黄天荡。这次长达48日的交战，让金兵北去之后很长一段时间不敢南侵。梁红玉是一位抗金女英雄，在故事和戏剧里，人们给了她和丈夫韩世忠一个解甲归田的美好结局。

老镇江人的肚子里，有的是传说。

人文

来北固山，凭吊古人，听那讲述了一遍又一遍的三国传说，也许每一个游客登临北固，面朝长江，耳畔都会想起那首浑厚的歌："滚滚长江东逝水，浪花淘尽英雄……"

金山寺的故事多

镇江的金山寺真可谓家喻户晓，不过金山寺的名声在外却有些"乌龙"，因为大家熟悉的都是《白蛇传》里"水漫金山"的金山寺。现实中的金山寺，没有法海和白娘子，却有法海洞和白龙洞，两洞近在咫尺，相毗为邻。法海洞里供的和尚石像，是唐代僧人裴头陀，而白龙洞里依照传说供着白娘子和小青。其实金山寺的僧人裴头陀本和白娘子是风马牛不相及，那些个雄黄酒显蟒身、僧龙斗法水漫金山、雷峰塔镇白娘子的故事，都是后人牵强附会给金山寺的。

人人都道"镇江好，第一数金山"。金山的好不仅仅因为它兀立于长江边，更因为依山而建的金山寺，山寺相依相存，融为一体，江水烟笼缥缈，山寺香火缭绕，山依托着寺，寺包裹着山，仿佛人间仙境，佛门胜景。在当地

金山寺

人的眼里，金山寺就像一件衲衣紧紧地穿在了山上，所以有"寺裹山"的说法。

金山寺独特的地理位置，从来都是引人瞩目的，这里也流传着各种传说和故事，李白在这吟过诗，苏轼在此赏过月参过禅，陆羽在这烹茶煮茗，张岱把戏唱进了佛堂大殿，就连乾隆皇帝，也来金山寺寻过父，所以故事里会有白娘子水漫金山，会有唐三藏金山出家，金山寺的传说，总是能给江上往来的船只打发航行的寂寞。

和扬州高旻寺一样，金山寺是一座禅院，同列禅宗四大丛林之内。于是富有机锋的禅式故事讲了又讲，还有留下的物证——苏东坡玉带。金山寺有四件镇山之宝藏于大雄宝殿后面的观音阁，分别是周朝遂启祺大鼎、诸葛亮铜鼓、苏东坡玉带和文徵明所绘的《金山图》。相传当年苏东坡和金山寺的住持佛印和尚时有往来，一位是才华横溢的文豪，一位是得道参禅的高僧，他们经常话语露禅机、言行有机锋，佛印和尚和苏学士打赌，苏东坡输了玉带，这条玉带就在金山寺上留传至今。

金山寺

金山寺白龙洞

北固山的千古名篇

北固山

北固山，因词而名，因诗而名，因书而名。

书，指的是北固山上有一题字壁廊，上书六个大字：天下第一江山。这样的名号可不是自封的，而是刘备当年来东吴招亲时，孙权把他带到北固山上，他远眺长江，波涛壮丽，近瞰北固，怪峰奇出，于是由衷地发出感慨道：此乃天下第一江山也！想来北固江山的景色，在刘备面前，多了几分壮志豪情，引得英雄惺惺相惜，赞叹连连。而南北朝时的梁武帝登北固山，也被北固江山的雄奇险峻所震撼，挥毫写下"天下第一江山"，这个名号才正式落户北固。口说无凭，御笔题书，天下第一江山，北固当之无愧。

诗，北固山的名篇佳句，不绝于耳。最有名的莫过于"海日生残夜，江春入旧年"。相传唐开元年间的进士王湾，从洛阳闻名而来拜访旧友，客居北固山，饱览江山胜景，离别的时候作了一首《次北固山下》。诗人在即将远行的船上，看到北固山上道路蜿蜒，江上往来的船儿在碧水中远逝；正值春潮漫涨，与两岸齐平，诗人视野更加开阔，船上的风帆张悬在桅杆之上，和风微拂，轻舟慢行，天际的初阳就像从海平面升起一样划破残夜，江南的春意盎然驱走旧年里的寒冬，这首《次北固山下》被时人奉为"诗中楷模"。北固山"潮平两岸阔，风正一帆悬"的景致一直到今天，人们站在山头，仍然能眺见阔大江面的船儿行驶在斜阳里。

词，便是耳熟能详的"何处望神州，满眼风光北固楼。千古兴亡多少事，悠悠。不尽长江滚滚流"。辛弃疾在北固山留下两首传世之词，一首是《南乡子·登京口北固亭

甘露寺

有怀》，一首是《永遇乐·京口北固亭怀古》。是怎样的景色，让词人感怀壮阔云澜，千古悠悠？今日的北固山，顺着山道往上，三国故景依次排开，试剑石、太史慈墓、鲁肃墓、东吴古道；另一侧则是临江绝壁，江面平阔，极目四野，江水在脚下逝去，就像那些历史，都化作往昔。来北固山，凭吊古人，听那讲述了一遍又一遍的三国传说，也许每一个游客登临北固，面朝长江，耳畔都会想起那首浑厚的歌："滚滚长江东逝水，浪花淘尽英雄……"

甘露寺

金山寺是"寺裹山"，甘露寺则是"寺冠山"。

中国地大物博，连甘露寺也有好几个，比如九华山的佛寺院，陕西华县甘露场里的寺庙，湖北黄陂甘露山上的寺院——这些都叫做甘露寺，但名声最大、故事最多的，当属北固山上这座甘露寺。

甘露寺

甘露寺得名于东吴的年号，因为寺庙始建于东吴甘露年间，于是就有了这么个颇具诗意的名字。甘露寺里没有雨后甘露，倒有满院子的三国故事。如今的甘露寺由唐代润州刺史李德裕重建，选寺址于山巅，绝壁凌空，寺庙长狭如山顶一道风景线，这种"以寺镇山"的手笔，与甘露寺的传说相得益彰，渐渐成为文人墨客、达官贵人寻踪问迹的好去处，甚至是康熙、乾隆下江南的行宫。

甘露寺还是三国故事里的一处舞台，孙权、刘备、周瑜、诸葛亮等一一登场，共演一出"甘露招亲"。京剧里有出《龙凤呈祥》的大戏，其中一折唱的就是《甘露寺》，每当此剧上演，生旦净末丑轮番登场，锣鼓喧天唱了个热闹。吴国太佛寺看新郎，刘皇叔洞房续佳偶，孙权本想以妹妹孙尚香为诱，扣下刘备做人质来换取荆州，没想到被诸葛亮设计弄假成真，孙权落得个赔了夫人又折兵。喧嚣过后，甘露寺里仍归宁静，没有寺庙的香火缭绕，没有佛法森严的殿堂，本该是金刚怒目、菩萨低眉，却换来人造蜡像刘皇叔与孙尚香。

有趣的是，甘露寺的题词，据说是张飞所书，倘若是他亲笔，倒是为张飞一介武夫正了名——这位燕颔虎须的彪汉，不但会使丈八蛇矛，而且还能书得一手好字呢！

景色

那些乡愁客愁，离人羁旅，斜月星火，都在西津渡里，演绎一出又一出归家远别的爱恨情仇。

焦山

游金山，要"打马上金山"，说的是弃水登岸，骑着马儿上金山；游焦山，则是"乘舟上焦山"，说的是离岸筏舟，划着船儿来到焦山脚下。焦山又称"浮玉山"，漫山修竹苍翠，古木蓊郁，远远望去，就像一块碧玉浮在江上。焦山还称作"双峰山"、"海门山"，都是形容其一山飞峙大江中的奇特景貌。焦山最终得名，是在宋徽宗时期，为了纪念东汉末年在山上隐居的大学士焦光，所以赐名"焦山"，从此这座长江里的山头，注定了它将承载着更多的文化使命。

焦山和文化的渊源始于六朝，王羲之在此葬过鹤，郑板桥在这画过竹，颜真卿、褚遂良在这挥毫泼墨，下笔如有神助。如今焦山西麓峭壁上的摩崖石刻，就像一座书法宝库，

连同后世修建的焦山碑林，中国的书法艺术在此发挥得淋漓尽致。普通的游者大概都知道西安有座碑林，然而很少人会知道，焦山这座"书法山"藏着的可是绝世妙笔。王羲之、颜真卿、米芾、黄庭坚、苏东坡、赵子昂、文徵明等，这些书法大家在焦山的墨宝让人惊叹不已。

且不说那块初唐妙品《大唐润州仁静观魏法师碑》，放在全国来看都是一块罕见的唐碑，单说那与洛阳《石门铭》齐名称颂的"南铭"《瘗鹤铭》，在中国书法史上具有坐标意义。当年王羲之携鹤游焦山，也只有魏晋时候的人们才有那样的闲情和风流。仙鹤在焦山夭折，王羲之不是草草将之埋葬，而是将其用黄绫裹了郑重其事地埋进焦山，并在岩石上留下铭文以示纪念。于是这块碑文，就成了文人眼中的传奇，书家笔下的珍品。历代文人墨客，总是乘船而来，或赏铭，或拓碑，这块稀世绝品也是命运多舛，几经坠落江中，躲过日军的掠夺，终剩下不足百字，字字如金。2010年，上海打捞局"勇士号"通过电视直播，向观众展现了其打捞现场，也许很多人都会有疑问，究竟是怎样一块碑铭，值得这样大费周折？原因无他，唯《瘗鹤铭》乃碑中之王也！

焦山炮台

焦山万佛塔

定慧寺

　　镇江三山，各有千秋，各不相同，不过每座山上都有寺庙。金山寺是"寺裹山"，甘露寺是"寺冠山"，定慧寺则是"山裹寺"。焦山上大大小小的寺庙禅庵加起来有近20处，以定慧寺为冠，号称"十方丛林"、"历代祖庭"。来游焦山，从码头下来，过了白玉牌坊，定慧寺山门上写着一副气势磅礴的对联："长江此天堑，中国有圣人。"看到此处，方觉来到禅林圣地，气派非凡。

　　定慧寺给每个人的感觉，都是那样的大气，毕竟是有着1800多年历史的老禅院，气度自然和别处的不同。建于东汉兴平年间的普济寺，寺中的大雄宝殿曾由唐代玄奘法师的弟子兴建，佛法执事曾由鉴真大师的弟子主持——这样的寺庙，堪称"名门之后"，怪不得寺庙的规格、修建都有"国际大都"的气势。

　　定慧寺在元代被称为焦山寺，直到康熙下江南游访焦山，御赐寺名"定慧"，便多了些参禅省身的意味。寺里古木参天，六朝古柏，婆娑古树，宋槐明银杏，坐在树下歇息半

定慧寺

日，"潮打山门"到如今已经听不到了，只能看如江南园林般的禅院，思如谜般的佛法箴言。

出定慧寺，直奔山顶观澜阁。眼底奔来大江东流，再回首禅院，让人想起的是人之渺小与天地壮阔，万物生机和佛法无边，还让人想起定慧寺里大雄宝殿前，御碑亭下，乾隆皇帝的那首《游焦山歌》："金山似谢安"，"焦山似羲之"，"若以本色论山水，我意在此不在彼。"

城市山林：南山

镇江人一直自豪于镇江的山水，"一水横陈，连冈三面，做出争雄势"。其城在山中，山在城中，真山真水，难怪北宋的大书法家米芾赞之"城市山林"。进入南山风景区后，招隐景区门口那座牌坊式的建筑，上面正是米芾的题字。

如果说焦山是"墨宝之山"，南山就是"文人之山"。南山上，充满了文人雅士的故事。梁代的刘勰，在南山写下《文心雕龙》，这是中国文学理论批评史上第一部"体大而虑周"（章学诚《文史通义·诗话篇》）的文学理论专著；后来昭明太子又在南山的招隐增华阁编纂了中国文学史上第一部文学选集《昭明文选》；南朝刘宋时期的著名雕塑家、音乐家戴颙隐居在招隐山中的竹林精舍，谱就了《广陵》、《游弦》、《止息》三首古曲；北宋的苏东坡在南山的鹤林寺留下了"苏公竹院"；书画家米芾、米友仁父子居此40年，创"米氏云山"，开创中国山水画风的独特神韵；这里还有北宋哲学家、爱莲之"出淤泥而不染，濯清涟而不妖"的周敦颐寄寓于此开凿的"茂叔莲池"。

南山并不单指一座山，而是包括招隐山、夹山、黄鹤山、九华山四大景区在内的一个大范围的概念，山上有招隐寺、增华阁、昭明太子读书台、竹林寺、鹤林寺、苏公竹院、茂叔莲池等景致。游南山，春天最为适宜，树木新绿，杜鹃盛开，只身山中，诵一首苏东坡的《游竹林寺》，这才算把南山古往今来的景色全都领略了个遍。

游竹林寺·苏东坡

行歌白云岭，坐游修竹林。

风轻花自落，日薄半山阴。

涧草谁复识，闻香杳难寻。

时见城市人，幽居惜未深。

京口瓜洲西津渡

　　提起西津渡，想起的是八年前看到的住在西津渡里老镇江人的宁静生活。他们，包括墙根边蜷缩在藤椅里唠嗑的老人，添柴烧水让煤烟包裹住的中年人，拖着鼻涕到处跑的孩子，还有边走边吆喝的修理匠，甚至包括那位斫琴人，他当时正专心把一块泥土拍在他的作品上，那是一位张开臂膀拥抱生活的妇人，手臂结实而圆润。

　　还是那位镇江的朋友，得知我并不想去那些香客甚旺、游客甚多的景点，于是发短信告诉我：去西津渡街吧，按照当地人的说法叫做"小码头街"。如此一条近似荒废的老街很对我的胃口。

　　从天下第一泉出来绕过金山，走进20世纪的街头巷陌。西津渡旧称蒜山渡，和周瑜策曹有些关联。西津渡口望瓜洲，此渡口有些历史，从刘备到康熙，从李白到苏东坡，从王安石到陆游，甚至是马可·波罗，南来北往，不论是文人才子还是帝王将相，他们都在这或舍舟踏岸，或拔帆远行，那些乡愁客愁，离人羁旅，斜月星火，都在西津渡里，演绎一出又一出归家离别的爱恨情仇。

西津渡唐代才女杜秋娘的塑像，左侧的方亭上有"唐室无辜遗才女，京江千载念斯人"楹联

西津渡街

西津渡古街的老店

　　按照《太平寰宇记》的记载，"西津渡在城西七里"，西津古渡一带滞留着一些旧时的风貌，街道旁两层来高的木屋砖房的墙上还有"国营"两个字，在卖花圈的和遛鸟的店铺隔壁，掌鞋的师傅在街角坐着，和卖油炸菜盒的摊子并排。一些老头老太骑着自行车经过，街道上人少得近乎冷清。抬头一看，一些摇摇欲坠的电线杆上晾晒着各式被单，这样的情景很熟悉但现在很少见了，时间似乎在这里凝固了一小会。

　　"金陵津渡小山楼，一宿行人自可愁。"如今这条像老城市里任何一条老巷的小码头街，房子被拆拆补补，脚底下的石板路踩上去笃笃作响，木屋已经被岁月啃啮得只剩下独倚望江的窗栏。一些后世的石料建筑在木屋的身后延伸，占据了山头。登上最高处，只能看到灰色的天空和天空下楼房的瓦砾。潮落夜江的婉曲和星火三两点的瓜洲难以奢望，于是收回目光，仔细打量起这条西津渡街，想象一下当年宋徽宗宫驾南渡到润郡的盛事。一座看上去有点年代的亭子只有飞檐存些藻饰的遗迹，亭子里面堆放着各式现代杂物。往前走几步，可以看到昭关石塔和三道卷门。石塔附近应该是寺庙，"西津渡口唐朝寺"，如今都糊上了水泥，看不出年代。

　　西津渡有五十三坡，象征着拜佛五十三参的礼数——这样一个重要的渡口，当然要请来八路菩萨四方神仙保佑渡航，所以西津渡老街附近有普陀庵和救生会，有"同登觉路"和"共渡慈航"的佛家祝语，还有一座元代喇嘛十过街石塔，这是国内现存最早、最完整的唯一一座过街喇嘛石塔，塔下行人车辆来往，也许每穿行一次就是心向佛门一次。

　　就是这样一个老渡口，不再有船家、客商、旅人，但是小码头街上，却留下了他们来来往往踩踏过的青石板路，雨季来临的时候，青石板路光可照人。那该要多少次踩踏，才能踩磨出今天的光亮？

西津渡古街的老店

民间

镇江这座老城，走在街上仿佛都能闻到那股子醋香味儿。

镇江香醋

镇江这座老城，走在街上仿佛都能闻到那股子醋香味儿。

中国产的醋，除了山西老陈醋，就是镇江香醋了。这一南一北虽然产的都是醋，风味却大不相同。山西的老陈醋，味重浓厚，适合面食，就像北方厉害的婆姨；镇江的香醋，味轻香甜，仿佛江南矫情的小女人。吃山西的刀削面当然要配老陈醋，但吃小笼汤包、大闸蟹，非以镇江香醋下佐不可。这样的搭配，不可错半点，否则就走了味。

镇江的香醋，可有上百年的历史。大家只知道买镇江陈醋，认准"恒顺"，却很少人会发现，原来叫惯了的恒顺陈醋，是"金山牌"、"固山牌"。老醋、陈醋、珍品醋、宴会醋、香醋、蜂蜜养生醋、香妃美容醋……恒顺这块老招牌在醋文化上做足了文章，还开发出一种水果醋的饮料，酸酸甜甜的，据说能够降血压、降血脂、预防心血管疾病，喝醋已经是镇江人生活的一部分。

镇江的香醋，吃三样东西时必不可少，一是同为镇江特产的肴肉、肴蹄，二是小笼汤包，三是大闸蟹。每当秋风起、蟹脚痒的时候，家家户户都会准备好香醋，切上一两姜丝，沾上一点蟹腿肉，那味道真是齿颊留香。没有螃蟹又嘴馋的时候，人们会做一种叫做"蟹味蛋"的小菜，单凭鸡蛋、姜末，加上镇江特产的香醋，大火翻炒勾兑出一盘子"蟹黄"、"蟹白"，香软绵柔，因为有了镇江香醋和姜，那鸡蛋的味道果真是和螃蟹肉一样，当地人又管这道菜叫"赛螃蟹"。

锅盖面

"镇江有三怪，香醋摆不坏，肴肉不当菜，面锅里面煮锅盖。"这是镇江"三怪"的顺口溜。面锅里漂煮着一只木头锅盖，面汤在锅盖身下咕嘟翻滚着，锅盖一漾一漾的，木质特殊的清香也随着面汤的沸腾而融入面中。这锅盖下煮出来的面条，熟而不烂，恰到好处。

吃锅盖面，一定要到镇江寻常巷陌的街头巷尾，去找做锅盖面的老店，店门口放一只大锅，热气腾腾、白花花的汤水上面，漂浮着一只油乎乎的老锅盖，这才算正宗。

肴肉

"肴"这个字，在此念作"xiáo"。肴肉是镇江的特产，老镇江的丰盛早餐，就是由一碟香醋、两块肴肉、一碗锅盖面组成。

肴肉只是简称，正宗的说法应该是水晶肴蹄，专指猪蹄肉。肴肉粉色剔透，咬起来有嚼头，入口即化，不肥不腻，薄薄地切上一碟，蘸以香醋，味道香鲜，不知不觉就让人下筷吃光。

说来有趣，镇江的"三怪"都是"无心插柳"而成，传说香醋是杜康的儿子在酒糟兑水21天后无意中酿出的新浆液；锅盖面也是小面馆的老板娘忙中出错把锅盖扔进锅里煮而煮出的筋道好面；而这肴肉，也是在做盐水猪蹄的时候，不小心把硝错当作盐来腌制，从而做出色泽俱佳的肴蹄。本来叫"硝蹄"，后来老镇江人嫌"硝"字不好，于是就改成了"肴"字，字改音不改，肴肉就是这样来的。

老店里的师傅在制作状元饼

扬州人文地理

YANGZHOU RENWEN DILI

往事

> 扬州，是一部书，是一出戏，是一首曲。

十年一觉扬州梦

扬州，是一部书，是一出戏，是一首曲。不知怎样的笔墨，才能勾勒出扬州的十里画卷、百年风流，也不知哪些镜头，能将扬州的历史和精致表现得淋漓尽致。扬州有帝王梦，有文人情，有儿女心。要阅读和了解扬州，三天三夜都不够。

"天下三分明月夜，二分无赖是扬州"，扬州尽得天下精华。相传大禹治水，分天下为九州，其中淮、海一带为扬州。今天的扬州古称邗城、吴州、广陵、江都、维扬等，直到唐高祖武德年间，江北这一方土地才被称作扬州，开始了一座城市的传奇。

单一个"扬"字，就能让人联想到水扬清波，这座城市整个都透着一股水汽氤氲。公元前486年，吴王夫差在邗城附近开挖邗沟，此为扬州城最早的古运河，直通长江，连接淮河。

因为吴王筑邗城，开邗沟，扬州开始有了一条连接江淮的古运河。扬州千年的文脉人风就像运河一样流淌而过，留下的是寻常巷陌里的故事，是瘦西湖边的明月，是老槐树下的繁华梦。

杭州有西湖，扬州有瘦西湖；北京有白塔，扬州盐商一夜之间也能用淮盐堆出个白塔；苏州园林甲天下，扬州园林不让须眉；金陵有秦淮八艳，扬州有二十四桥吹箫玉人。扬州的老少百姓走的是十里长街明月银辉洒全城，过的是"早上皮包水，晚上水包皮"的悠哉日子，吃的是八大菜系之首的淮扬名菜，听的是"扬州曲部魁江南"的扬州乱弹、昆曲，还有声调绝伦的《广陵散》，赏的是扬州八怪挥毫泼墨，做的是大槐安国的南柯梦，哪怕最后"人生只合扬州死"，那也是"禅智山光好墓田"。扬州的安逸，扬州的闲散，扬州的气度，都在这座几经凋落却又兴盛的城市里繁衍。江水东逝，留下的是唐代扬州诗人张若虚的千古一问："江畔何人初见月？江月何年初照人？"

好一座春、江、花、月、夜的扬州城。

烟花三月下扬州

很显然，烟花三月、骑鹤南下不仅是古往今来富贾文人的扬州梦，也是江山帝王的扬州梦。从春秋时候的吴王夫差开始，扬州成为多少帝王的温柔乡？最为密切相关的莫过于那位传说中为了观赏举世无双的琼花而三下江都的隋炀帝。

就连扬州名字的来历，也和隋炀帝有关。隋炀帝姓杨，单名一个"广"字。扬州自古被称作"广陵"，这座城市的名字一直让这位隋朝皇帝耿耿于怀，"陵"就是陵墓的意思，这岂不是说杨广要葬身于此？于是隋炀帝把广陵改为扬州。可惜，隋炀帝没有想到，城市的名字可以替换，一个人的命运却无法更改，他最终仍然命断广陵。

扬州宋代东门城楼

隋炀帝弑君杀兄夺位前曾在扬州做了9年的总管，对扬州的感情不是开凿运河、巡游江都这么简单。隋炀帝前后花了6年的时间，在扬州现有的邗沟基础上，开凿了京杭大运河。运河开凿的目的，传说是为了扬州的琼花，或者是帝王锦衣还江都的炫绩，毕竟在臣民的簇拥下，沿途的顶礼膜拜确实让这位一代君王很是受用，更不用说沿途40余处奢华无度的行宫亭台。于是这位历史上著名的昏君，终于在第三次巡游扬州的途中遭遇兵变，被缢死后葬于江都宫西面，唐初又迁葬雷塘。由于历史上对隋炀帝一直持贬斥态度，所以到了清代，一代君王的陵墓只剩下大土墩，被当地百姓称为"皇阿墩"，就连盗墓贼都未曾光顾这处皇帝陵寝——因为隋炀帝连棺木都是萧后拆了床框给他临时搭起来的，哪里还有什么丰厚的陪葬呢？

　　还有一位和扬州有着不解之缘的皇帝是乾隆帝。他不是第一个涉足扬州的清朝皇帝，在他前头，康熙六巡江南，来回都路过扬州，可见扬州接驾之盛。有过之而无不及的是乾隆皇帝下江南，所行之路，无不奢靡繁盛。乾隆由清江浦上船，沿着运河顺水南下，两岸都有士兵把守，泊船的码头用棕毯铺地，文砖铺成御道，一路行来，好不威风。扬州的盐商众多，在运河两岸包下档子，临时搭建亭台楼阁，虽然说是临时建筑，但绝对堪比大家宅院，琉璃瓦、五色毡，绫罗绸缎制成花草树果，金鼓丝竹沿途吹打，在档子里还有戏台，有孩童在表演各种剧目，扬州的盐商们活生生地用白花花的银两堆出一个热闹非凡的太平盛世。

汪氏小苑

"天下殷富，莫逾于江浙；江浙繁丽，莫盛于苏扬。"扬州的繁华和衰落，就像两个极端，大起大落之后，是实实在在的踏实生活，小巷，烟水，人家。

芜城旧梦

在说扬州的繁华之前，必须提到的是扬州的悲剧情结。历史上，扬州屡次被推到风口浪尖上，多次屠城，让这方土地每每陷入"芜城"的荒凉境遇。扬州别名芜城，这个听起来就是荒草丛生的名字来源于南朝宋辞赋家鲍照的《芜城赋》。鲍照来到广陵时，正是这座城市经历过两次兵祸之后，满目凄惨荒凉，繁华尽褪，血迹尚在。

那是南朝宋时期，北魏太武帝拓拔焘攻打刘宋都城建康，离建康不远的扬州城受到牵连，遭受重创。就在这次浩劫之后不久，南朝宋文帝的第六个儿子刘诞镇守广陵，为其兄长孝武帝忌恨，被孝武帝派来的大将沈庆之攻败，孝武帝同室操戈还不解恨，竟然命令大将屠城广陵。由此广陵再度受创，城中瓦砾遍地，荒草横生，城内人烟稀少，鲍照由此写下千古名篇《芜城赋》以告诫后人。

无奈，这篇六朝抒情小赋并没有改变芜城的命运，梁武帝年间的侯景之乱，城中8000老少惨遭毒手；南宋建炎三年（1129年），金兵八路军马兵临扬州城下，繁华的大都会最后仅剩几千人，兵荒马乱，屠杀无数，后来姜夔在《扬州慢》一词中也写道："自胡马窥江去后，废池乔木，犹厌言兵。"这座淮左名都，变成了荠麦青青、清角吹寒的空城。历史有时候是惊人的相似，南宋防守扬州的李庭芝和姜才抗元御侮，最后在扬州壮烈牺牲，500多年后，南明忠臣史可法抱城死守，最后引颈自刎未死，被执不屈，慷慨就义，清兵随即开始历史上的"扬州十日"屠城。

虽然历史屡次留给这座城市血雨腥风的创伤，但是也由此可见这座城市的生命之顽强。几次兵乱之后，扬州从废墟中站起，几经风雨，仍然是江北胜地，仍然是让人缠腰骑鹤向往的名都，仍然有广陵明月夜、十里春，闲适和沧桑在城市的精神里交织，血腥和繁华在城市的历史里更替，这便是一座城市引人入胜的精妙所在。

似水繁华

扬州的繁华，仿佛是从一场芜城旧梦中醒来，恍若天上人间，富甲天下，正所谓"十里长街市井连，明月桥上看神仙"。隋唐时期的扬州，因为有了运河，有了隋炀帝奢华无度的巡游，有了大唐时期港口贸易、商业贸易的发展，扬州一度成为当时全国最繁华的城市。人们有"扬一益二"的说法，扬州和益州（今天的四川成都）俨然是隋唐时期的一线城市，扬州城市运输线上往来南北的都是粮草、淮盐、钱、铁等国库重要物资。除了南北交通，扬州也是对外出行的重要港口，扬州的港口商船往来，让扬州又镀上一圈金色的光辉，来往于东亚、南亚甚至东非各国的贸易商船纷纷在这里靠岸扬帆，大唐盛世的威名也从扬州开始传播海内外。

扬州的繁盛始于西汉，隋唐鼎盛，清初再度辉煌，几经沉浮的扬州，每一次都能从芜城残梦中重新崛起。用"崛起"这个词可能不太准确，其实扬州的繁华是历史的一脉相承，是运河之水扬清波带来的得天独厚，烟波楼阁和明月灯火才是扬州千古悠悠、不紧不

慢过着的日子，扬州就像一块磁铁，自然而然地吸引着商贾、文人、雅客。扬州的繁荣只是城市文化的副作用，二十四桥上，玉人吹箫才是正经事儿，"赢得青楼薄幸名"才不枉千里扬州走一回。

扬州之于当时的老外，就像今天的上海，或者说是"东方的威尼斯"，其实在扬州夜桥灯火、水郭帆樯的时候，

何园

威尼斯还只是一个当地渔民逃荒的小岛。隋唐时候的扬州是各国往来的驻地，今天扬州出土的唐俑，分明是目深鼻窄的胡人；日本僧人圆仁入唐求法，九死一生才到扬州；扬州到现在还有马可·波罗馆——马可·波罗一定不会后悔来到中国的扬州；这里还有一座普哈丁墓，这座建于南宋的墓园是典型的阿拉伯式建筑。侨居扬州的商贾，来自波斯、大食、婆罗门、昆仑、新罗、日本、高丽等国的不乏其人。

人文

一座城市的真正繁荣，是艺术的繁荣，扬州正是如此。

史公桥

史公祠

扬州并不仅仅是浪漫多情的，这个城市也有血气方刚的一面，一代英雄史可法的抗清故事，让扬州老少扼腕叹息。古城河边，梅花岭畔，到现在还有一座史阁部祠，史可法义子史德威为其建的衣冠冢也在其中，墓前有牌坊一座，墓碑上书"明督师兵部尚书兼东阁大学士史可法之墓"，并称史可法纪念馆。馆内名人题款甚多，最著名的就是史公祠门楣上的对联："数点梅花亡国泪，二分明月老臣心。"

史可法是开封人，少年时曾受左光斗的激赏，明崇祯元年（1628年）中进士，后来官至右参议、户部左侍郎，南明弘光年间被任命为东阁大学士兼兵部尚书，督师扬州。清军对史可法尤为看重，想收为己用，以其名来号令天下，于是摄政王多尔衮写了一封劝降信给史可法，几次派人诱降，都被史可法痛斥驳回，清朝预王多铎连书五封劝降信，史可法都不为所动。

清兵见史可法意志坚决，于是强行攻城。史可法见兵临城下，写了五封遗书，分别给明王、其母、其妻，还有叔父兄弟和义子。史可法下定死战的决心，奋力抵抗，清兵炮攻扬州，城内多处轰塌，史可法见大势难以挽回，引颈自刎，血流满衣而未瞑目，又被清兵捆缚到城楼上再次劝降，史可法大义凛然说道："城存与存，城亡与亡，头可断身不可屈！"最终史可法慷慨就义。后来史可法的义子在城内寻找史可法遗骸不得，只得将其袍笏葬于梅花岭，让清高自傲的寒梅伴着忠魂。

自古民间总是希望给英雄故事一个神话般的结局，有人说史可法并没有死，而是城破之时乘白驹一匹绝尘而去，还有人说曾在闽粤之地看到他。不论如何，史可法带给扬州城的是不屈的气节。也许是这份气节，让清兵格外恼羞成怒，遂开始扬州十日屠城。"扬州十日"，简单的四个字，留给历史记忆的是血腥和不屈。

瓜洲古渡

"汴水流，泗水流，流到瓜洲古渡头。吴山点点愁。"唐代诗人白居易的一首《长相思》，让瓜洲古渡充满了离恨情愁，停泊瓜洲，南来北往，络绎不绝，瓜洲古渡上演着一幕又一幕悲欢离合。

"潮落夜江斜月里，两三星火是瓜洲"，瓜洲夜泊，给旅人的是愁眠，是思情。瓜洲的夜晚，有惨淡的秋灯渔火，有朦胧的南北夜话，有扬帆的清角吹寒。瓜洲，渐渐成为文人心中的一处心灵驿站，在这里停泊，又在这里起航。所以王安石会留下那样的千古名篇："京口瓜洲一水间，钟山只隔数重山。春风又绿江南岸，明月何时照我还？"

瓜洲，还与一个人有关，那就是冯梦龙《警世通言》里的杜十娘。"杜十娘怒沉百宝箱"的故事就发生在瓜洲。京城名妓杜十娘，与来自绍兴的富家子弟李甲相好，并拿出私房钱给李甲，让他为自己赎身。舟一路南下，行至瓜洲，过了江就是江南，李甲却开始犹豫起来，怕家族怪罪，乡邻耻笑。正当李甲踌躇之时，扬州富商子弟孙富相中杜十娘，愿以千金之价换她，李甲贪念一起，就应允了。

杜十娘知道了李甲是如此负心贪财的小人，于是假意答应。等到李甲、孙富众人皆在场，她打开随行的小箱，第一层是翠羽明珰、瑶簪宝珥，约值数百金的首饰被杜十娘扔到江中；第二层是古玉紫金玩器，约值数千金，也被杜十娘投入江中；第三层是夜明珠、祖母绿、猫儿眼，各种奇珍异宝让众人眼都看直了，杜十娘仍准备投到江里。这时李甲悔恨交加，抱住杜十娘恸哭。杜十娘一把推开李甲，痛骂负心郎，最后抱持宝匣，向江心一跳。只见云暗江心，波涛起伏，杳无香踪。瓜洲古渡，滚滚江水，淹没了多少故事。

如今的瓜洲古渡，已经没有当年"瞰京口，接建康，际沧海，襟大江，实七省咽喉、全扬保障"的地位。弹丸之地的瓜洲，原本是长江中的沙汀，在隋唐的时候淤泥渐塞，瓜洲与扬州之间渐渐被填满，成为扬子江边的一个重要渡口。

瓜洲不仅有爱恨离愁，也有英雄血泪。清代顺治年间，郑成功在此誓师抗击清兵，却因轻信两江总督而遭遇偷袭，"天堑投鞭"的誓愿只得引恨溃退。清道光年间，英国侵略军队强占瓜洲，当地百姓点燃渔船上的芦苇，与英敌同归于尽。瓜洲，或者说扬州的人民，总是有着热血般的英雄气度，这远不是今天瓜洲公园内一块"瓜洲古渡"的石碑所能讲述的。

盂城旧驿

扬州有古渡，高邮有旧驿。

高邮在淮河下游，高邮湖畔，属于扬州地区。说起高邮，最先让人联想到的是秦观和高邮咸鸭蛋。宋代"苏门四学士"之一的秦观曾描述自己的家乡"吾乡如覆盂"，于是高邮有了一个别称：盂城。

高邮于汉代建县，因为秦始皇曾在此地修筑高台，设置邮亭，"高邮"一名由此而来。古代飞报军情、递送宾客、运输军需、公文传递、书信往来，都要靠着邮驿，各地区的邮驿就像流动的血脉一样维系着全国上下的信息传递。顾名思义，高邮这块土地，承担的是南来北往的邮传飞书，修建的是停车驻鞍的馆驿客栈，从秦朝的秦亭，到汉代的汉舍，以及后来的唐馆、宋站，高邮今日所存的明代盂城驿就像一支接力棒，把邮驿的功能延续至今。

建于明代洪武八年（1375年）的盂城驿，在今天高邮市的南门外，下临运河，直到1985年才被发现。这是目前全国规模最大、保存最为完好的古代驿站。整座驿站有5间正厅、5间后厅、5间送礼房、3间库房、10间厨房，还有马神庙1间，马房12间，从房间的布局和设置可见古代驿站的功能。驿站还有鼓楼3间、照壁牌楼1座、驿丞宅1处、秦邮公馆1处、堤上有迎宾房，还有马饮塘、走马、车夫、仆从乃至官员宾客，在驿站都能得到充分的补给和休息。盂城古驿现存厅堂、库房、廊坊、马神祠、秦邮公馆门楼、驿丞宅及监房等建筑，古风犹在，经过修复成为全国唯一的"邮驿博物馆"。

民居

高邮因"邮"而生，因"邮"而兴，就像驿站内一副对联说的那样"消息通灵会心不远，置邮传令盛德留行"。站在鼓楼上，眺望四方，运河东逝，古城青葱，耳畔仿佛传来驿道急促的鼓声、飞奔的马蹄声。

大明寺与文峰塔

文峰塔在城南运河畔，大明寺在城北蜀冈之上，这一南一北本是不相干的，却因为一个人而联系在一起，这个人就是大唐高僧鉴真。

鉴真是唐代律宗僧人，俗姓淳于，是扬州人。最初鉴真在扬州大云寺受菩萨戒，后来在长安受具足戒，唐开元年间鉴真回到扬州，入大明寺修行，并成为大明寺方丈。鉴真不仅是律宗传人，而且在建筑、书画、医学等方面颇有造诣，在扬州修道场、建寺庙、造佛像、树塔立碑、写经刻文、宣讲佛法、普济众生，时人称其为"鉴真独秀"，尊其为淮南一带的佛教首领。很快鉴真的佛法受到日本学问僧荣睿、普照等人崇拜，被邀请去日本授戒讲法。

已过不惑之年的鉴真，先后六次东渡日本，终于在最后一次成功登上日本的土地，广施佛法，传播文化，为日本的圣武上皇、皇太后、孝谦天皇、皇太子等授菩萨戒，还为日本僧人授具足戒，这是日本佛教信徒登坛受戒的肇始。鉴真后来居住在奈良的招提寺，不仅把大唐精妙的佛法传入日本，创立了日本佛教南六宗之一的律宗，而且还把中国的建筑、雕塑、医药、书法、艺术、语言、印刷术等带给民众，可谓是中日文化交流史上的第一人。而东渡的代价，不仅仅是惊涛骇浪的渡海艰险，鉴真在第五次东渡的时候，因为旅途劳顿，庸医误治，最终双目失明。这样的代价，也阻挡不了鉴真传播佛法的宏愿。

虽然鉴真最后圆寂于日本，但在扬州大明寺今天仍有一座鉴真纪念堂，是20世纪初由建筑学家梁思成设计的，仿奈良唐招提寺的格局，由碑亭、长廊和纪念堂三部分组成，碑亭内是日本学者常盘大定在1922年树立的鉴真和尚遗址碑。纪念堂内有一座鉴真干漆夹纻造像，这座造像是奈良唐招提寺的仿制品，干漆夹纻造像技术是由鉴真传到日本的。当鉴真双脚结跏趺坐圆寂之后，招提寺众弟子就以其干漆夹纻造像作为膜拜纪念的对象。

讲完大明寺，来说文峰塔。文峰塔建于明代万历年间，本和鉴真没有瓜葛。但是文峰塔屹立的地方，是文峰寺，寺临运河，这一方水湾被当地人称作"湾子"，直到文峰寺建成后才改作宝塔湾。这一小湾水域，正是鉴真东渡日本的出发地，鉴真的六次东渡中，第二、四、六次开船扬帆的起点都在这里。

再登文峰塔，近40米的高度足以远眺大江蜀冈，宝塔脚下，运河水逝；扬州城内，绿杨城郭；极目四野，扬州城尽收眼底。

大明寺楼云塔

扬州八怪

一座城市的真正繁荣，是艺术的繁荣，扬州正是如此。扬州有广陵琴派，有南戏歌吹，有扬州八怪，关于扬州还有《扬州画舫录》、《扬州画苑录》这些历史笔记式的文献，就像《洛阳伽蓝记》之于洛阳，《东京梦华录》之于开封，《武林旧事》之于杭州，一部书记载了一个地方的风土人情、民俗民风，唯独扬州城的这本书，冠之以"画"名。

"扬州八怪"，这是画坛上让每个中国人耳熟能详的名字，是扬州文化历史的一张名片。这张名片上，有时候是8个人，有时候是15个人，人数不定，各有说法，通常是以金农、汪士慎、黄慎、李鱓、郑燮、李方膺、高翔、罗聘8人为核心人物。普通的老百姓不一定能数得全是哪八位画家，甚至其中几位画家名字的读音还有些拿捏不准，但几乎每个人都知道"扬州八怪"的领衔代表郑燮和他的名言——难得糊涂。

其实这是一种糊涂，更是旗帜鲜明的离经叛道，用书画来表现自己张扬的个性，用书画来远离正统，回归本我和自然。金农的"漆书"，郑燮的"六分半书"，李鱓的破笔泼墨，罗聘的《鬼趣图》……这些都不符合主流画坛上的审美取向和趣味，然而正是这样一群或生于扬州，或在扬州地区卖画为生的画家，人们用"八怪"来称呼他们，这是一种调侃，也是一种揶揄，历史和时间更加证明了，这是艺术的本真。

扬州八怪纪念馆就在瘦西湖边上，一条破旧的小巷里，一座其貌不扬的飞檐小楼静悄悄地等待到访的人，就像扬州八怪的画风，独辟蹊径，特立独行，崇尚自然。小院落不大，里面有15座栩栩如生的人物石雕，院外有假山、池塘、苍郁的树木。这里没有园林的奇巧精致，没有瘦西湖的风景秀丽，也许只有懂得扬州八怪的人，才会到这里来吧。

文章太守平山堂

大明寺内的平山堂里，高悬着一块匾额，上面写着"远山来与此堂平"七个简单的题字，把平山堂的地貌特征、修建初衷准确无误地表述出来。然而平山堂的意义远不止坐于堂内、远眺诸山、与栏相平那么简单，这是文章太守对一方水土的深情厚谊，是文人墨客群贤毕集的雅聚盛会，难怪清末年间有人给出"维扬之有平山堂，犹武林之有西湖也"这样的溢美之词。

平山堂在扬州市西北郊的蜀冈中峰上，旁边为大明寺。在北宋庆历年间由扬州太守欧阳修倡建。宋仁宗庆历三年（1043年），范仲淹、富弼等人发起"庆历新政"，由于保守派阻挠而失败，欧阳修因新政失败被谪为扬州太守。被谪后欧阳修常寄情山水，抒

扬州八怪雕塑

发失意。在处理政务之余，他经常来的地方就是扬州城西的蜀冈，极爱这一方山头的空阔极目。其实蜀冈也就百米余高，和群山相比，实在是小巫，但是站在蜀冈之上，每当晴空万里，极目远眺，群山在列，仿佛与脚底的高度齐平，于是欧阳修在蜀冈上修建平山堂，作为携友邀伴、文人雅集的一个好地方。

据叶梦得《避暑录话》记载，欧阳修在盛夏之时常带朋友来平山堂避暑乘凉、饮酒赋诗。文人自有文人的雅趣，他差人去离平山堂不远的邵伯湖，摘取荷花千余朵，热热闹闹插了上百盆，放在客人之间，并让歌妓以花传客，依次摘取花瓣，谁摘到最后一片就要饮酒、吟诗。如今看到平山堂上"坐花载月"、"风流宛在"的题匾，不禁想起文章太守的雅兴与千朵荷花、平山远望的快意。

后来欧阳修离任扬州，也离开了这古朴清幽的平山堂。平山堂在元代一度荒废，明代万历年间再次修葺，清末兵火又毁之，最终于清同治年间再次重建。平山堂的景色依然，湖中荷花依旧，文章太守的闲情逸致也如他作的那首《朝中措·平山堂》一样，至今为人传诵。

朝中措·平山堂

　　欧阳修

平山栏槛倚晴空，山色有无中。
手种堂前垂柳，别来几度春风。

文章太守，挥毫万字，一饮千钟。
行乐直须年少，尊前看取衰翁。

扬州的春天随处可寻，却以瘦西湖为胜

景色

这位始于六朝的清丽女子，袅袅走来，一湾曲水如锦带佩身，飘袂拂风，让多少人留恋她的温柔乡、阳春梦。

瘦西湖

一定要在阳春三月来到扬州。扬州的春天随处可寻，尤以瘦西湖为胜。看过瘦西湖的春天，绿杨垂柳，清波粉桃，这才领略到春天的明媚和阳光。

中国自古美景以西湖著称，全国上下叫"西湖"的地方有36处，唯独扬州的西湖带了一个"瘦"字。和杭州的西湖相比，正好是"环肥燕瘦"，瘦西湖就像一位婀娜多姿的妙龄少女，纤细温柔，楚楚动人。这位始于六朝的清丽女子，袅袅走来，一湾曲水如锦带佩身，飘袂拂风，让多少人留恋她的温柔乡、阳春梦。

扬州城西北有河，最初是一条护城河，原名保障河，蜀冈的水流向运河，汇聚成湖，这一条狭长的水面有小岛，有沙汀，从隋唐时期开始依湖建园，如同布局一个个精致的盆景，直到康乾盛世帝王南巡的时候，扬州官员与盐商重金一掷为园林，沿湖造园让瘦西湖

"两堤花柳全依水，一路楼台直到山"，两岸造园几成盛况，有十里波光，二十四景，留下无数名人雅客的题咏和典故。清代的钱塘诗人汪沆到了这里，连连赞叹，写道："垂杨不断接残芜，雁齿虹桥俨画图。也是销金一锅子，故应唤作瘦西湖。"从此，扬州就有了与杭州西湖相媲美的瘦西湖。倘若瘦西湖美人有知，也许并不会满意这个头衔称谓，毕竟扬州的水山亭园，绿杨环绕，奇花异草，和杭州西湖不相上下，甚至有过之而无不及。然而这位美人是大度的，不仅从了这个"瘦西湖"的美称，而且还有小金山、白塔这些舶来品，但筑无妨，风景依旧如画。

虹桥修禊

扬州好，第一是虹桥。杨柳绿齐三尺雨，樱桃红破一声箫，处处驻兰桡。

虹桥原名红桥，得名于桥的栏杆都是红色，后来因为红桥一带风光旖旎，红桥如卧虹横波，加上原来的板桥改成石桥，又修建了桥亭，最终更名为虹桥。虹桥是瘦西湖二十四景之一，这座白石栏杆的拱桥，在刚入瘦西湖的时候就能看到。可别小瞧这座虹桥，就连乾隆都盛赞它："绿波春水饮长虹，锦缆徐牵碧镜中。"

虹桥的胜景远远不是今天所看到的石桥绿杨碧波那么简单，古人赋予它更多的是文化意趣。古时阳春三月三有上巳节，节日这天，人们水边饮宴、郊外游春。"三月三日天气新，长安水边多丽人。"白居易的诗歌中唐代仕女们在这天去城南曲江游玩踏青，逍遥自在；文人墨客则"群贤毕至，少长咸集"，在天朗气清的上巳日，坐在溪水边，饮酒作诗，王羲之的书法绝品《兰亭序》就是在这天一气呵成的。于是到了清代，文人墨客也仿效王羲之呼朋引伴，在流觞曲水的地方宴请宾客，吟诗赋文，就像今日的文学笔会一般。清代著名诗人王士禛开虹桥修禊之先河，康熙年间，他邀请当地诸位名士在虹桥游宴赋诗，按照他的说法，虹桥修禊不亚于当年兰亭上巳之盛况。

五亭桥

虹桥修禊果然没有让王士禛失望，虹桥文会之后，诸人名篇雅句最终收编在《红桥唱和集》中，其中他的"北郭清溪一带流，红桥风物眼中秋，绿杨城郭是扬州"至今传为名句。后来乾隆年间两淮盐运使卢雅雨效仿前贤，再邀名流会聚倚虹园，文人雅士、布衣平民依韵作和者达数千人，就连郑板桥、纪晓岚、袁枚都赶了这场虹桥修禊的热闹。

五亭桥

游玩瘦西湖，随看随行，一直到了五亭桥，才算走到了中心景观区域。五亭桥不仅是瘦西湖的标志，还是扬州的标志。虽然它得成于扬州两淮盐运使为迎接乾隆下江南而借北海五龙亭之景，但这丝毫不影响它在一方碧水中得天独厚的优势。

五亭桥建于莲花堤上，长60米，宽约10米，桥上有一座重檐攒尖方亭和四座单檐攒尖角亭，亭、桥合为一体，五亭群聚一桥，就像盛开的莲花，所以又叫莲花桥。桥亭上有宝顶，黄色琉璃瓦覆顶，亭内藻饰天花，是苏式彩绘，亭外角挂风铃，桥下四翼，桥墩由12块大青石砌成，稳重敦实却不显粗糙，桥正侧有15个卷洞，中间最大的是一个跨度7米的半圆卷洞，拱脚两侧三面各有小半圆卷洞的墩台。每当清风月满的夜晚，桥下水波涤荡，月影跳跃玲珑，桥身卷洞如满月之镜，金色荡漾，众月争辉，这才是"天下三分明月夜，二分无赖是扬州"的最好诠解。难怪茅以升会评价五亭桥是最具艺术美的桥。

五亭桥就像瘦西湖曼妙腰身上的一条玉带，和湖光山色交相辉映。桥上可望见凫庄、白塔、远处的亭榭、水阁，还有郁郁葱葱的长堤、烟笼杨柳，如身行在画中，真不知是游人在看风景，还是游人本身就是一道风景。

廿四桥明月

青山隐隐水迢迢，秋尽江南草未凋。
二十四桥明月夜，玉人何处教吹箫？

有一首诗因桥而得，有一座桥因诗而存。这首诗就是唐代大诗人杜牧的《寄扬州韩绰判官》，这座桥就是扬州的二十四桥。

到底有多少座桥，这一直是个公案。是一座名为"二十四"的桥，还是有二十四座桥，抑或是有二十四位玉人住在桥边？历代众说纷纭的背后，是人们对扬州桥的喜爱，对扬州桥的向往。

二十四桥

北宋科学家沈括在《梦溪笔谈》中考证，唐代的扬州城内水道纵横，有茶园桥、大明桥、九曲桥、下马桥、作坊桥、洗马桥、南桥、阿师桥、周家桥、小市桥、广济桥、新桥、开明桥、顾家桥、通泗桥、太平桥、利园桥、万岁桥、青园桥、参佐桥、山光桥等二十四座桥，后来因为水道淤塞改道，到北宋元祐时期仅剩下小市、广济、开明、通泗、太平、万岁诸桥。如今有些桥只空余一处地名，桥身已不复存在。

而另一种说法的根据是乾隆年间李斗在其笔记《扬州画舫录》里的记载，说二十四桥即吴家砖桥，一名红药桥，在熙春台后。还有一首南宋大词人姜夔的《扬州慢》作为佐证："二十四桥仍在，波心荡，冷月无声。念桥边红药，年年知为谁生？"

更有野史笔记记载，隋炀帝幸游扬州之时，曾有24位歌女在桥边吹箫弹唱，所以桥名由此而得。

公案终归公案，扬州瘦西湖里的那座二十四桥，却是20世纪80年代根据《扬州画舫录》等古籍资料设计的。虽然是后世仿制，但也有根有据。

瘦西湖上的这座二十四桥为单孔拱桥，汉白玉栏杆，长24米、宽2.4米，有栏柱24根、台阶24级，处处紧扣"24"这个数字。栏杆上是彩云追月浮雕，暗含月明之意境。桥旁是吹箫亭，周围还有玲珑花界、望春楼、静香书屋、熙春台等，一座小桥把景致连缀成片，就像一条玉带把珍珠串起。倘若在月华如水水如天的夜晚，立于桥上，看天上明月，望水中桥影，波光影月，桥上是否会传来缥缈悠远的箫声呢？

一夜造白塔

扬州人说起"一夜白塔"的故事，神情中还有些羞涩，仿佛祖上的这种财大气粗式的行为多少给扬州的文化和文雅带来些许影响，说起瘦西湖里的这座喇嘛塔他们总是轻描淡写，不太情愿和乾隆、盐商发生关系，在他们看来，喇嘛塔只是讨好皇帝的一个筹码，而喇嘛塔下面的那座法海寺，要比白塔古老得多。

白塔在法海寺内，今天的法海寺已经在当年被康熙皇帝改名为莲性寺。这座寺庙建于元代，寺庙的名气起源于这座据说是一夜造成的白塔。

据《清朝野史大观》记载，乾隆下江南，到了瘦西湖边上的大虹园，四处望去感慨道：这里多像京城里的北海琼华岛春阴啊，只可惜少了那座喇嘛塔。当时陪伴在皇帝旁边的是盐商纲总，听到此话，用万金贿赂皇帝身边的人，请他们画出白塔的形状，一来想讨得皇帝的欢心，二来也想显示自己的财力。等到第二天，乾隆再次临幸此地，突然看到白

巍然兀立的白塔

塔一座，巍然兀立，非常惊讶，悉因由后连连感叹"盐商之财力伟哉"。

原来，是扬州盐商连夜赶工，用白盐堆砌成一座白塔。后来皇帝走后，盐商重新用砖石修建了一座真的白塔，这才有了瘦西湖"白塔晴云"的著名景色。

这座白塔形制是喇嘛塔，像一只口小肚大的古梅瓶，塔基为砖石雕花方形，顶盖覆以华盖，上有葫芦形状的铜顶。塔高30米有余，和北京北海琼华岛上永安寺的白塔相比，形制略小，略瘦，外形线条更加秀美，仿佛北方白塔来到南方之地，也入乡随俗，少了一分厚重工稳，多了一分秀匀柔美。

其实白塔下面的法海寺，还有一道著名的美味佳肴，那就是和尚烧猪头肉。这道扬州名菜起源于法海寺，相传是乾隆特批谕旨允许和尚庙里卖猪肉的。在朱自清《扬州的夏日》里就提到法海寺的红烧猪头，夏日的时候吃得畅快淋漓，极为过瘾。

个园

扬州和竹总有些缘分，宋代大词人姜夔在《扬州慢》中写道"淮左名都，竹西佳处"，扬州八怪的郑板桥、金农爱画竹，就连清嘉庆年间两淮盐业商总黄至筠，也爱上了竹，于是在扬州东关街上的明代寿芝园的旧址上修竹万竿，建起一座个园。个园以竹为名，主人也以"个园"作为别号，三片一组的竹叶正像这"个"字，园内廊柱上有副楹联，其中"月映竹成千个字"出自清诗人袁枚的诗句，正是个园最好的写照。

个园以竹、石为胜。竹有千竿，石有四季。园中的假山用黄山石和太湖石仿造南北两派的画法而叠成，怪石嶙峋，犹如千岩万壑，极像宋人山水图画中的皴擦笔墨，下列几曲清溪，有石洞、石桥，又像明清以来山水小品中的远山微斜、小桥流水。造园者将"竖划三寸当千仞之高，横墨数石体百里之回"的绘画技巧用在了假山叠石上，让假山怪石从不同角度呈现出变幻无穷的洞天峡谷，这奇山异水，不出门外，皆在自家园中尽收眼底。

个园

个园里的清颂堂

四季假山是个园之绝：春山笋参差，修篁弄影；夏山中空外奇，深潭清冽；秋山黄石丹枫，峻峭依云；冬山宣石似积雪未消。移步换景，如行走在四季当中，以竹林、石笋为春景，以太湖石山为夏景，以黄山石为秋景，以宣石山为冬景。移步春山经过的一条小巷，巷墙上有洞口，可望见透风漏月厅下的冬山如积雪皑皑，而透过冬山西边墙上的漏窗，亦能看到竹林春景，冬去春来的寓意，让人不禁拍手称妙！

何园

扬州自古"家家住青翠城堙，处处是烟波楼阁"，扬州的园林与苏州相比，可谓不分伯仲，《扬州画舫录》将扬州的园林与苏杭园林相提并论，"杭州以湖山胜，苏州以市肆胜，扬州以园亭胜，三者鼎峙，不可轩轾"，点出扬州的园林不但不输于苏杭，反而更胜一筹。

扬州几经炮火，现存园林近20座，以何园为最。何园位于徐凝门街花园巷，又名寄啸山庄，是清末光绪年间湖北汉黄道台何芷舠所建。何芷舠与李鸿章、光绪帝的老师翁同龢、孙家鼐是亲戚，和洋务派代表人物张之洞也是姻亲，所交往的都是朝廷重臣、风流名士，他的宅院自然也非同一般。

何园是乾隆年间双槐园的旧址，现在园内有一棵大槐树，是乾隆年间留下的。何园在何芷舠的手上，不但修葺一新，而且还吸收了西洋建筑风格特点，如法式的百叶窗、壁炉，日式移门，甚至还有铁艺的床，这些在当时晚清的园林宅院中并不多见。这大概也跟何芷舠与北洋新派人物交往有关，洋务思想折射到家务事上，让这座园子也呈现出中西合璧的风格特色。

何园占地1.4万余平方米，建筑面积多达50%以上，由东园、西园、园居院落、片石山房四个部分组成，两层串楼和复廊连起前后宅院。何园的复道回廊长达1500米，衔山抱水，左右迂回，非常有特色。两层楼房左右延伸，池东复廊和池南长廊把水池环抱怀中，这种以廊回环的建筑方法，让居住者处处皆能见水，风生水起，别具一格。

据说，何园里还有四个"天下第一"。"天下第一廊"是何园的复道回廊，如园中立交，沟通南北；"天下第一窗"是复道回廊上的花窗，造型阔大，隔窗透景；"天下第一亭"是西园池中央的水心亭，上有水上戏台一座，隔水听音，声响效果如闻天籁；"天下第一山"是园东南的片石山房，相传片石山房内两厅之间的太湖石假山，高五六丈，奇峭陡峰，出自明末大画家石涛和尚的手笔。石涛当年遍访名山大川，搜尽奇峰，晚年客死扬州，在扬州留下的叠石珍品就是今天的片石山房。在片石山房假山腹内，还暗藏石屋一座房两间，是消暑的好去处。

汪氏小苑

第一次知道汪氏小苑，是几位琴友闲聊之余说起的一场雅集，他们把古琴带进了汪氏小苑。在古宅里、月色下，抚琴而歌，琴声在老宅院里回荡，琴曲古朴悠扬，吟猱绰注，余韵如烟，不绝如缕，仿佛把人带回那一个琴棋书画的老扬州。

坐落在扬州市东圈门地官第14号的汪氏小苑，宛若一件珍品，虽然也是清末盐商住宅，却没有富贵气、金银气，从名字上就可得知园林的小巧玲珑，却也不乏精雕细琢，充

汪氏小苑中的厨房

满文化趣味。

汪氏小苑布局中规中矩，体现的是儒家中庸之道。整座宅院分南北排列共三路，每一路又各有三进，前后有中轴贯穿，左右厢房对称，比例均衡。小苑四角有园，东北角为"迎曦"，西北角为"小苑春深"，题名文气讲究，楹联书法繁多，楷、隶、行、草、篆一应俱全。

就像江南的宅院一样，这样的院子少不了石雕、木雕、砖雕的装修，雕刻的线条复杂，手法多样，图案丰富，充分体现中国传统宅院的寓意，如五福临门、鹤鹿同松、福寿双全、麒麟送子等。有意思的是，因为主人是徽商，所以宅院的形制在某些程度上又类似徽州的传统建筑，于精细中有讲究。

汪氏小苑格外有意思的地方在于，小苑还有暗门、暗室、暗壁、暗阁、暗藏宝洞、地下室等，一座江南深宅跃然眼前。据说在汪氏小苑修缮的时候，人们发现天花板上还有暗阁，抽开活动天花板，上面有三间暗阁，以供藏东西之用。无独有偶，小苑春晖堂后进东侧北间的地板下有一处藏宝洞，想来可以储藏重要家财。这些暗阁藏洞，给汪氏小苑增添了几分神秘。

盐商第一楼

扬州从西汉开始，就和盐脱不开干系，广陵王刘濞"煮海为盐"，邗沟的开掘也是为了运盐的方便，所以扬州的古运河又称盐运河。唐朝时期，扬州以盐业著称，成为淮盐的集散地。清代盐业发达，"盐引制度"

卢氏古宅

更让扬州的盐商们迅速发展。盐商向盐运司衙门获取盐引,盐引甚至成为货币、代币,盐商们可以把盐当作交易物,凭盐引贩运食盐,按引缴税。而总揽扬州盐业的则是"总商"、"商总",相当于垄断财阀,巧取豪夺,财富迅速集中在少数人的手中,"百万以下者,谓之小商",扬州的八大盐商富可敌国,于是就有了"扬州盐商豪侈甲天下"的说法。

盐商终究是商贾,在科举制度盛行的明、清时期,盐商只有用金银为自己堆起一个又一个身份的凭证。他们买地造园,奢靡挥金,以古玩字画来充门面,对于宅院当然是穷极其奢,恨不得把金银直接贴上墙,来标榜自己的财力雄厚。

被称为扬州"盐商第一楼"的,就是卢氏盐商住宅。光绪年间,在扬州两淮盐运司任职的卢绍绪"下海"经商,经营盐业,一时暴富。他斥巨资在扬州康山街买地建宅,前后共花去7万多两纹银。这座豪宅占地6000多平方米,共11进,前后进深长达百余米,大小房屋两百多间,堪称晚清扬州住宅之最。

卢氏住宅的"百宴厅"为扬州老百姓所津津乐道。百宴厅是卢氏住宅的第二进,房间阔大宽敞,盛传可以摆得下100桌酒宴,令人咋舌,也让老百姓对盐商的巨富一直有着如谜一般的猜测。

宅院里有一座保存完好的藏书楼,也许只有在这座藏书楼里,主人才能依稀找到当年读书为官的影子。其他现存的如淮海厅、兰馨厅、涵碧厅等房屋,是一次大火之后重修之物。

大概得益于老百姓对"百宴厅"的想象,如今卢氏古宅做起了淮扬名点的生意。在卢氏大宅青砖黛瓦中品尝卢氏菜谱中的蒸饺、汤包、五丁包,倒有一番"飞入寻常百姓家"的感慨。

盐商第一楼

民间

当年被人们认为是不务正业、颓废不振的"皮包水、水包皮"的日子，在如今快节奏的现代生活里，倒成了一种休闲的享受，能从从容容地进一回茶社、澡堂，都有些奢侈了。

琼花观

郑板桥曾经这样评论扬州："千家养女先教曲，十里栽花算种田。"每当阳春三月，扬州十里花田百花齐放，扬州的老少们便开始赏花、品花，"三春爱赏时，车马喧如市"。扬州的花事，总能开出一段传奇。琼花、芍药、梅花、荷花、茉莉、菊花……每一朵花，都能牵出如诗如画的往事。

古时扬州坊间流传着这样一首民谣："隋炀帝，下扬州，一心看琼花，陆地去行舟。到头来，万里江山一旦休。"传说中隋炀帝下扬州是为天下无双的琼花。据说建于汉代的蕃厘观内，原本有一株琼花，是一位道号"蕃厘"的仙人留下的，他和世人说仙家花木之美，世人不信，于是他取一块白玉种入地下，须臾之间就成树开花，开花时如玉蝶戏珠，温润如玉，洁白如雪，因为有八枚花瓣平开其上，又被形容为八仙皓月。仙人走后，这里就造起一座蕃厘观。这株琼花天下仅此一棵，于是蕃厘观又被称为琼花观。宋代欧阳修任扬州太守，在琼花旁边建无双亭，以视珍贵。

据宋朝周密《齐东野语》记载，琼花曾移植开封、杭州，都难以成活，唯独在扬州枯木逢春。这株琼花一度成为金兵掠夺的目标，在宋亡之后，琼花突然香消玉殒，其绝世之美只能留于历史传说中供人遐想。

及至元代至元年间，有位道士将"聚八仙"花补种在琼花观，聚八仙开的花类似琼花，虽然与文献记录中的琼花有微妙差别，但也能以假乱真。后世所说的琼花，其实是聚八仙花。

富春茶社

富春的美食，绝对是让人一而再地去扬州的好理由。做一个富春的忠实老饕，按照古人的说法"骑鹤下扬州"，吃完富春的各式扬州菜，捧着酒足饭饱的肚子，打着饱嗝走回来。

我曾有幸两次前往富春。第一次是和朋友一起，吃的是富春的点心套餐，有三丁包、豆沙包、青菜包、雪菜包、千层油糕、笋肉蒸饺、糯米烧卖、翡翠烧卖、鱼翅蒸饺、蟹黄

蟹黄包

汤包。我们一度以为富春的特色是蟹黄汤包，每每想起就赞叹不绝，一只巴掌大的小蒸屉里，只有一只晶莹如玉、皮质透薄的大汤包，蟹黄汤在包子皮下轻荡细漾，让人再三小心。这蟹黄汤包比平时吃的小笼汤要大上几圈，吃法绝对不是平日《汤包诀》说的那样"轻轻提，慢慢移，先开窗，后喝汤"，而是在蟹黄汤包中间插一根竖管，先吸尽薄皮汤包内的蟹黄汤，再吃剩下的汤包皮陷，这样吃起汤包来，估计每个老饕都会大呼过瘾。

其实富春茶社最有名的点心是千层油糕、翡翠烧卖、三丁包，这三样被称为扬州点心三绝。千层油糕为菱形状，芙蓉色，半透明，糕有64层，甜肥适口；翡翠烧卖皮薄肚圆，形如石榴，碧玉剔透；三丁包造型考究，鲫鱼嘴，荸荠肚，如牙雕玉刻。再来上一杯富春独有的魁龙珠茶，这是由浙江的龙井、安徽的魁针，加上富春花园自家种植的珠兰兑制而成，头泡色碧如玉，再泡醇香茶厚，吃了富春的汤包糕点，这杯茶正好解渴止腻。

再一次去富春，是宴请宾客，依稀记得那天大盘小盏堆满桌，富春肴肉、富春皮鸡、清滋排骨、虾籽香菇、五香牛肉、盐味油虾、全家福、天麻口条、红焖驴肉、蟹粉狮子头、大煮干丝……道道都是精品。难怪满汉全席以扬州为著，虽然我们吃的离繁复铺张的满汉全席相去甚远，但是也算窥斑见豹，就这淮扬菜的冰山一角，已经让众人的胃口折服。

今天众人闻香寻来的富春，在最初并不是茶社，而是一家花局。清光绪年间，扬州人陈霭亭租了几间民房，创设花局，栽养花卉、盆景，后来他的儿子陈步云在花局的基础上开设茶馆，往来的名绅文人都来此赏花喝茶、下棋吟诗。陈步云为了满足客人需要，除了供应茶水，又雇佣名厨，做起了点心生意。这生意一直兴隆至今，富春茶社成为来扬州非吃不可的"美食胜地"。顺着国庆路，进了得胜桥，沿一条青石小巷往里走，见着一座八角楼，门口常年有凌乱的自行车、三轮车停靠在两旁，那写着"富春茶社"的招牌，让多少人来了就吃，吃了又来。

皮包水，水包皮

扬州是闲适、悠哉的，以至于人们常说扬州的生活是"早上皮包水，晚上水包皮"。这早上的"皮包水"说的是扬州的早茶，每天安逸的日子，就在一杯香茶、一碟干丝、几道点心中拉开序幕。

扬州茶馆林立，真是群贤毕至，少长咸集。有名的如富春茶社、冶春茶社，老字号已湮入历史的如惜馀春，当时扬州歌谣唱道："教场惜馀春，驼子高先生，破桌烂板凳，满座是诗人。"扬州茶馆，不论高低贵贱，不论场所好坏，都能成为呼朋引伴、亲友酬酢的地方。只需一盏清茶，就能拉近人与人的距离。

更能拉近距离的，就是下澡堂子。"晚上水包皮"说的就是泡一个扬州澡。

扬州至今还有两条浴堂巷，旧城内的那条从南城根起，至常府巷毕。新城的浴堂巷从观巷到东关街。这浴堂巷内，就有浴池澡堂。

可别误解了泡澡，通常这是男人们的专利，或者用今天时髦的话来说，是男人社交的方式之一，是男人消磨时光的选择之一。泡澡的澡堂，又称"混堂"，堂外有立厢、坐厢，有凉池，有暖房。老式的混堂和今天的澡堂一样，有淋浴、坐浴，有冷水、热水，还有茶汤处、剃头处、修脚处。澡堂从上午就开业，一直能泡到下午。

当年被人们认为是不务正业、颓废不振的"皮包水、水包皮"的日子，在如今快节奏的现代生活里，倒成了一种休闲的享受，能从从容容地进一回茶社、澡堂，都有些奢侈了。

三把刀

有这么一个故事，一位离开大陆50载的台湾游客，回到大陆游玩一阵子，四处寻找一家合适的理发店，终于在一位上海友人的指引下，来到了扬州"紫罗兰"理发店。一整套刮面、剪发的程序下来，这位台湾老兵终于找到了遗失多年的畅快淋漓。

坐落在广陵区国庆路上的"紫罗兰"美发厅，从1895年诞生的第一天算起，已经从容地走过了100多年的历史。

"紫罗兰"的师傅都是40岁以上的老师傅，老师傅的理发基本功能保证头发剪得清净、轮廓修得分明、发型塑造得有型。另外，"紫罗兰"特有的近乎于享受的"刮面"技术，在形形色色的美容店中，显得那么的独树一帜，因为这是大名鼎鼎的"扬州三把刀"中的头一把，因为它关乎到脸面，马虎不得。

这是一个有意思的民俗，刀，作为冷兵器时代的主角，落入市井，在凡夫俗子手中便成了"扬州三把刀"，即理发刀、修脚刀、菜刀，它们或在脸上起舞，或在脚丫子上杂耍，或在刀俎上雕刻出精致的美食。刮个面，泡个澡，吃顿清淡爽口的淮扬菜，这是来到扬州必须经历的三重享受。这就不难理解那个如此醉心于扬州理发刀的台湾老兵了——来到烟花三月的扬州，不在这刀锋上"摸爬滚打"一番，怎算是来到扬州？

"腰缠十万贯，骑鹤下扬州"，这是古人对扬州休闲生活的向往。作为八大菜系之首的淮扬菜，以精工细作著称，案上功夫主要体现在严谨规范的刀功上。扬州菜刀工艺讲究，用起来得心应手，在淮扬名菜大煮干丝中，干丝切得细如毫发；再看那闻名遐迩的扬州浴室，其"脚艺"举世无双，扬州修脚刀如金字招牌一般，无论出现在哪一家浴室，都象征着高超的技术含量；而剃头刀，长三寸，薄刃厚脊，在剃头师傅的手上如同杂耍般游走于顾客的九鼎至尊上。据说乾隆皇帝下江南，也享用过如春风拂面般的扬州剃头刀。剃头师傅敢在太岁头上动刀，这种淡定只有扬州才有。

谢馥春

俗话说：苏州胭脂扬州粉。扬州自古是出美人的地方，怎么能离得开这美人镜前的香薰粉施？扬州戏班众多，名伶出众，怎么能离得开这登场前的涂脂抹粉？扬州自古又称"小秦淮"，怎么能离得开烟花场上的精心粉黛？

于是，香粉历来以扬州为贵。"苏州胭脂扬州粉"，扬州的香粉曾被清廷选作贡粉，据说这得益于康熙南巡，扬州香粉品重宫帏，名动公卿，似乎宫廷命妇用了扬州香粉，也都能沾染些江南的水灵气。《红楼梦》里黛玉为宝玉缝制的香荷包，北静王腕上的香珠，宝钗玉臂上的香串，袭人荷包里的梅花香饼，这些都是由产自扬州的香粉再制而成。甚至连贾琏房内的平儿，也盛赞过扬州的香粉是"轻、白、红、香"四美俱全。

传统的扬州香粉，又以鸭蛋粉为代表。鸭蛋粉因盛装香粉的容器呈椭圆形，如掌中鸭蛋般小巧精致而深受喜欢。19世纪末，扬州香粉老字号有戴春林、薛天锡、谢馥春，如今仅剩谢馥春一枝独秀。

谢馥春的鸭蛋粉以"鲜花熏染冰麝定香"的工艺精制而成，选用茉莉、珠兰、白兰花、栀子花、玫瑰花等鲜花，再加上冰片、麝香，甚至一些丁香、肉桂、甘松、藿香、芸香等中药材，精心研制而成。再配上精致的香粉盒，让人爱不释手。

如今扬州东关街上还有一座馥园，内有老宅、老牡丹、粉妆坊，买上一盒鸭蛋粉、老头油，摩挲着小小的妆盒上画着的精致美人儿，感受一番扬州的秀气。

泰州人文地理

TAIZHOU RENWEN DILI

往事

> 泰州的主城区躲过了一场又一场的战事，一直稳稳地过了近600年太平的日子，于是他们自称此地是"凤凰宝地、祥泰之州"。

祥泰之地

从今天江苏省的版图上来看，泰州属于苏中地区，在盐城、南通、扬州的中间位置，我们难以想象古时候的泰州会被称为"海阳"、"海陵"，而且诗人王维还惊叹过其"浮于淮泗，浩然天波，海潮喷于乾坤，江城入于泱漭"。

其实泰州在古代的范围远远要比现在大得多，一直延伸到黄海。泰州的历史，也比我们想象的要更为久远一些，有2100多年的建城史。所以史学家称其为"汉唐古郡、淮海名区"。

"海阳"是战国时候泰州的旧称。在西汉元狩六年（前117年），西汉政府在此设置了泰州历史上第一个县——海陵县。海陵与广陵扬州、兰陵常州、金陵南京齐名。汉代的海陵县的管辖范围很广，黄海边以西，长江以北，江都以东，盐渎以南，这么大一片地方都是海陵县的。直到王莽时期，改为"亭间"。这和古代泰州地区的盐业是分不开的。古时候围海煮盐的地方，叫做"亭场"，而合法煮盐制盐的人叫做"亭户"。制盐业对于古

代的泰州十分重要，沿海的各个盐场都归泰州地区的盐业监管所管辖。

盐业发达，造就了盐税的兴旺。唐代武德年间，天下的盐税一半出自古泰州地区。税收财政富裕了，此地也就百业俱兴，国泰民安，所以从南唐时候第一次在此地设置泰州开始，海阳、海陵这些名字就成为了过去时。让泰州人自豪的是，泰州的主城区躲过了一场又一场的战事，一直稳稳地过了近600年太平的日子，于是他们自称此地是"凤凰宝地、祥泰之州"。

泰州的税文化

古代泰州地区的盐业特别发达，带动了盐税文化的繁荣。自古税收都是国家财政的重要来源，像泰州这样的地方，从唐朝开始，就是全国十大盐税征集地之一。西汉时期吴王刘濞在这里设立海陵粮仓，还建立了沿海盐场，古泰州地区"富有红粟，鱼盐之利，驰名远近"。资源、物产的丰富，让泰州一直成为赋税大区。

唐代的泰州境内，纳税的盐船能壮观到怎样的场面？据说有一位从日本来大唐求经的圆仁和尚，走到了泰州这个地方，看到税盐船时就惊呆了，因为这些船只首尾相连，能够绵延数十里，整条运盐河道上都是这样的船队，不可不谓壮观。在明朝洪武年间，全国有六个盐运司，泰州产量最大，旗下有11处分舵盐场，年产盐能高达50多万吨。

有了盐税，自然要有盐税官。最著名的，莫过于北宋时期的吕夷简、晏殊、范仲淹了。吕夷简是宋真宗、宋仁宗两朝名相，在拜相之前，他就在泰州地区的西溪地区当盐税官。晏殊就是那位写"无可奈何花落去，似曾相识燕归来"的婉约派词人，他也在西溪做过盐税官，后来也官至宰相之高位。范仲淹就更为大家熟悉了，"先天下之忧而忧，后天下之乐而乐"，他在这里做盐仓监官的时候，大力修理海堤，甚至亲自下堤堰。有人曾经劝范仲淹不要来这个地方做个小小的税官，范仲淹却不以为然地说："谁道西溪小，西溪出大才。参知两丞相，曾向此间来。"

据《泰州地方志》记载，泰州还拥有一座我国古代唯一以"税务"二字命名的桥梁，叫"税务桥"，今天已经沉入河底。此桥建于宋代，最初叫做太平桥，于明代重新修建。当时的税务衙门就在桥边上，每次纳税的商贾前来纳税，都要经过这座桥，或者把船停在桥下，后来就索性叫它税务桥。

在古税务桥的东边，有一条税务街。桥东为税东街，有明蒋科进士第、古课税局、乔园等。由于泰州的盐业、盐运、盐税都在历史中慢慢地变迁，现在的税务街留下的是一些以"税务"命名的商店，比如税务超市、税务饼店、税务鞋店、税务包店、税务小吃店。如今税西街已经被改唤做"排档街"，这又是新的市井繁华了。

人文

老街上来往的本地人，就那样一代代延续着祖辈在这座小镇上的宁静生活。

泰州老街

溱潼古镇

溱潼古镇是近些年才开发出来的地方。溱潼镇在今天的姜堰，传说中溱潼原名"秦潼"，乾隆下江南时，觉得这里四面环水，便给"秦"字也加了一个三点水旁，于是就得了今天这个名字。

溱潼自古农业、渔业发达，在姜兴河、泰东河的交汇处，自然少不了特产"溱湖八仙"的说法，溱湖簖蟹、溱湖青虾、溱湖甲鱼、溱湖银鱼、溱湖四喜、溱湖螺贝、溱湖水禽、溱湖水蔬，这些在溱潼古镇的街边小店里都能买到，也能品尝到。很多镇上的居民把自家做的鱼圆、鱼饼当街贩卖，在家门口支个小摊，成了这里的一道特色。

古镇由于是新规划、开发出来的，所以比起那些名声在外的江南古镇，自是缺少了一种精致和细腻，但是如果去多了那些著名古镇，再来到溱潼，就会发现这里的质朴与可爱，因为还没有完全浸染商业和过度开发的气息。

我是傍晚的时候抵达溱潼古镇的，镇子上已经没有什么人了。老街上来往的本地人，就那样一代代延续着祖辈在这座小镇上的宁静生活。

梅兰芳纪念馆

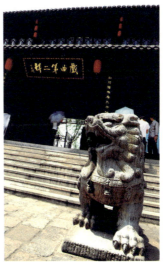

梅兰芳故居

　　每一个地方，总要有几个名人为当地的文化撑撑腰，泰州也不例外，所以泰州就有了一座梅兰芳纪念馆。这座梅兰芳纪念馆，是后世所建。据说是由当地的明清两代的古建筑移建而成，原来是梅兰芳史料陈列馆和梅兰芳公园所在地。

　　整座纪念馆布局还算园林化，本来就不算一个热门的旅游景点，所以也没有什么人，园内的一些陈列室里，有比较详尽的关于一代京剧大师的图文资料，看起来倒也方便。园子里面就是最常见的江南园林结构。

　　其实梅兰芳一天也没在泰州生活过，只是后来寻踪问祖的时候到过泰州，但他的祖籍应该是在泰州。据后人考证，梅兰芳的曾祖父梅天才，清道光年间住在泰州城东郊区的一座鲍坝村里，是一位雕花木刻的手艺人。梅天才的儿子梅巧玲因为躲避水灾，去江南谋生，入福盛班从班主杨三喜学昆旦兼皮黄青衣，后来崭露头角，为四喜班主要旦角，三十几岁即掌管四喜班，就这样开启了艺术世家的辉煌。梅巧玲之孙即梅兰芳。20世纪50年代的时候，梅兰芳曾来泰州寻根祭祖，认定泰州是根，从此泰州又多了一个美称——梅乡。

郑板桥故居

　　梅兰芳几乎没有在泰州居住过，但另外一位泰州地区的名人可是地道的生于斯老于斯，这就是兴化人郑板桥。

　　说起郑板桥，我们想起的是"扬州八怪"，是"难得糊涂"，是他的"无竹不居"，大部分人都会以为郑板桥和扬州的联系更多一些，但没想到，在泰州地区的兴化市昭阳镇上却有他的故居。

　　郑板桥故居在兴化昭阳镇东门外的郑家巷，即以前的郑家大堂屋，不仅如此，兴化还有郑板桥陵园和郑板桥纪念馆。清乾隆十八年（1753年），郑板桥在山东潍县主持政事，因为百姓请求赈救而得罪了朝廷，于是他辞官归里，以卖画为生，往来于扬州、兴化之间，最后于乾隆三十一年（1766年）辞世，葬于兴化城东管阮庄。

　　兴化留下了不少郑板桥的足迹，如拥绿园、浮沤馆（在今天的昭阳中学内）、柳园（今天的实验小学）、上方寺、时思寺（今城东小学）、古板桥、竹巷、竹泓等。

　　当地传说，兴化本来没有多少竹子，唯独在兴化东门外的郑家巷里，有一条200余步的竹巷，家家户户以养竹、制竹为生，而郑板桥的爱竹之情，恐怕就是从那个时候埋下种子的。今天的郑板桥故居里，仍然有竹，就在书房的屋檐下，正应了郑板桥的那句话："凡吾画竹，无所师承，多得于纸窗粉壁日光月影中耳。"

　　郑板桥故居，门脸简单不大，是一幢双门单层的明清矮房，坐北朝南，前后两进。故居很小，但很精致，有门楼、书斋、厨房各一，庭院幽静清雅，在当时看，虽是陋室，却"惟吾德馨"。按照郑板桥自己的说法，这才是"室雅何须大，花香不在多"。

景色

　　一人多高的芦苇荡，衬托着烟波，几只野鸭从芦苇荡里游进游出。这才是乡野气息，这才是淳朴的鱼米生活。

千岛油菜花

　　记得有一年，《中国国家地理》介绍"江南在哪里"，用了一张照片，是兴化的千岛油菜花。虽然照片上是油菜花田，在菜花岛间的河道里，木船摇橹，船娘头扎蓝印花布，身穿花袄，但是在大部分江苏人的眼里，这张片子也许放错了地方。因为，兴化不是江南。很多江苏人会把兴化作为苏中地区，或者，都归于长江以北地区。但是不论兴化算不算正宗的江南，这里的千岛油菜花田，在每年春天三月油菜花开的季节，算得上盛况了。

　　说起油菜花，总能想起云南的罗平、江西的婺源、青海的门源，各有各的特色。云南罗平的喀斯特地貌与大片的油菜花相映成趣；婺源的油菜花则透着小家碧玉的气质，掩

兴化油菜花

映在黛瓦粉墙的古村、梯田上；门源的油菜花绵延数十里，蔚为壮观。而兴化则完全一片水乡模样，难怪被人误作江南。

据说在700多年前，兴化垛田镇就形成了垛田与河道交错的农业格局。千垛就像船只一样漂浮在河中，远观像一大片田地，走近了才发现，每块垛田都被沟河包围着，于是垛田上油菜花盛开的时候，就有了独特的景观，只有登上千岛油菜花景区的观景台，才能看到每块垛田油菜花居于水中央。澄黄的油菜花，瓦蓝的天空，透蓝的河水，远处划来几只木质的小船，船上的船娘或裹着大红的头巾，或穿着蓝印花布，在夕阳的脉脉余晖中，划船归家。暮色笼罩着油菜花田，让人留恋。

群鸟翔翔

溱湖国家湿地公园

溱湖又名喜鹊湖，这是因为这里喜鹊云集，常常在湖面掠过，在林间飞翔。溱湖东西长1.4公里，南北长1.5公里，形似玉佩，面积约3500亩，从地理的角度来看，湖区一共有9条主要的河流，所以又有"九龙朝阙"的说法。

溱湖国家湿地公园的大门，一看就是船的造型，由五条篙子船相叠而成。这是因为每年清明节后的溱潼会船节就在公园里的溱湖水面上举行。每当这时，比赛者总是摩拳擦掌，摇旗呐喊，观赛者惊心动魄，一派精彩纷呈。

公园内还有珍禽园，可看到麋鹿、丹顶鹤、白天鹅等等，还有一座古寿圣寺，古寿圣寺始建于宋朝，后来历经战乱被毁，2004年在公园内移建此寺。寺院内最为称道的是水云楼，郑板桥、于右任等都在水云楼里驻足过。

坐在游船上，在溱湖上游荡，湖水波光潋滟，偶尔有鸟群飞过，溱湖周围的水生植物垛岛、湿地，一人多高的芦苇荡，衬托着烟波，几只野鸭从芦苇荡里游进游出。这才是乡野气息，这才是淳朴的鱼米生活。

兴化水上森林

兴化的水上森林，又叫李中水上森林，在兴化公路舜生桥附近。从兴化开车大概十几分钟就能到。这片水上森林种植于20世纪80年代初，有10万多株水杉、池杉，这里的水乡景观以"林中有水、水中有鱼、林内有鸟"为特色。在春夏时分去游览一番，是一件非常惬意的事。

进入森林，要先坐竹筏船，有专门的船夫撑船，带你顺着水道进入水杉林。竹筏在水杉林的河道里穿行，鲜翠欲滴的水杉，挺拔地伫立在湿地中，整座水上森林，就像一座巨大的天然氧吧，空气非常宜人，时不时会有几只白鹭或者野鸭从竹筏上空飞过。白鹭飞翔

兴化水上森林公园

在水杉林间，从碧绿的水面上掠过，人坐在竹筏上，游弋于水杉林间，心旷神怡。

从竹筏上下来，可以走林间的栈道。栈道犹如迷宫一般，在整座森林里穿行，千万要留心头顶上那些鸟类的动向，因为一不留神，没准就有一只白鹭从你的脑袋上飞过，然后扔下一颗纯天然的"炸弹"。

水杉树是植物界的"活化石"，是一种落叶大乔木，枝干笔直，高大秀颀，侧生小树对生，叶线形扁平，相互成对。兴化的水上森林，更像一处水杉乐园。

民间

泰州人送朋友礼物点心之类的东西，总少不了黄桥烧饼。

溱潼会船

关于溱潼会船的传说，有几个版本。一是说起源于北宋时期，本是祭祀真武大帝的庙会，每年农历二月十五，祈求神灵免除水灾。二是与南宋的爱国名将岳飞有关，传说岳飞曾在溱湖一带战胜金兵，当地的老百姓为了祭祀阵亡的将士，在清明节的第二天会船祭祀。

会船，其实就是一种百船竞渡的比赛，古时候称"清明盛会"，还叫做"会船节"，是在清明节第二天举行的，流行于泰州的溱潼、兴泰、兴化等地区。由于各地的会船都要到溱潼东观去祭祀孤魂野鬼，后来就统称为溱潼会船。

会船的程序一般包括选船、试水、铺船、祭祀、赴会、赛船、送头篙、酒会、演戏等几个步骤。会船还有不同的种类，比如供奉菩萨和祭祀亡人的船，叫做供船；用来比赛、领航的船叫做篙船；小划子叫做划船，一般是用于祭祀孤魂的；花船则是表演节目的船；在水上舞龙的船叫龙船。还有一种供嘉宾和游人观赏的船，叫观礼船。各种船的名目繁多，大多是用平时的普通大船或者小船临时改造而成的。至今溱潼每年都有溱潼会船节，锣鼓喧天，百船齐发，很是热闹。

黄桥烧饼

泰州人送朋友礼物点心之类的东西，总少不了黄桥烧饼。在黄桥地区，有一首形容黄桥烧饼的民谣："黄桥烧饼黄又黄，外撒芝麻内包糖，两个烧饼一碗茶，肚子吃得饱喀喀。"这首民谣用泰州话念出来非常生动，听起来特别富有乡野气息。

黄桥烧饼采用的是一种独特的卷酥工艺，佐以酥油，配上各种馅料如萝卜丝、枣泥、豆沙、蟹黄、肉松、火腿等，在烧饼的表皮上撒满芝麻，经过烘焙，刚出炉的烧饼，又香又脆，咬上去特别酥软。

据说在1940年，陈毅、粟裕率领新四军在黄桥与国民党顽固派韩德勤部展开了一场"黄桥决战"，黄桥街上60多家烧饼店为新四军赶做烧饼，支援前线，为此还流传着一首《黄桥烧饼歌》："黄桥烧饼黄又黄，黄黄的烧饼慰劳忙，烧饼要用炉火烤，新四军要靠老百姓帮。"

黄桥烧饼在泰州地区随处可见，但趁热吃才能尝到那种酥香脆。

靖江蟹黄汤包

只有吃得非常有讲究的老饕客，才会正儿八经地去区分小笼包和汤包的区别，在他们看来，小笼包和汤包绝对是两种概念。虽然都是用屉笼蒸出来的小肉包子，但是小笼包一般不含汤汁，或者说汤汁含得比较少；而汤包，正宗的做法是把包子褶收口往下翻，包子肚朝上，出炉的汤包的包子皮略带透明，透明到都能看到包子里的汤汁在晃动。这样的老饕客，一定不会错过每年的靖江蟹黄汤包。汤包在江苏，除了扬州、南京六合等地，最著名的就是靖江，靖江蟹黄汤包在很多人的眼里声势甚至都盖过了其他地方，冠绝江苏。

靖江蟹黄汤包的制法非常讲究，最关键是汤包的馅料。为什么汤包一蒸熟就满肚子的汤汁？这原来是和馅料中含有的一种猪蹄膀上的厚皮有关，把猪皮切碎，文火煨烂，直到熬成猪皮浓汤，再冷冻成胶质，和上蟹黄、碎猪腿心肉，把鸡汁、姜蒜等一起与胶冻拌匀，包馅，等汤包熟后，自然是牙一轻咬，满嘴汤汁。

上好的靖江蟹黄汤包，还有一绝，那就是汤包的样子。汤包新鲜出炉后，雪白晶莹，玲珑剔透，皮薄如纸，吹弹可破。功夫好的人，用筷子轻轻提捏，汤包皮居然不破，放在带有姜丝的醋碟里一浸，再放在嘴边一咬，那鸡汁蟹黄的鲜美滋味，有得你想象了！

南通人文地理

NANTONG RENWEN DILI

往事

历史上这些南北交融的过程形成了南通独特的南风北韵，至今仍让人们津津乐道。

沧海变桑田

南通，是沧海变桑田的一个典型。历史往前推5000多年，南通大概只有如皋、海安的西北地区有立足之地，放眼向东南望去，都是汪洋一片，在晋代之前，这里都是江口海域。从南北朝开始沧海变桑田，形成沙洲，长江水东逝的过程中，大量泥沙沉积在江口，长江下游的冲积平原向东南扩大，渐渐形成扶海洲、胡逗洲、东布洲等沙洲与大陆连接，经过4次大规模的沙洲并联，最终形成了今天南通全境三面环海、一面陆地的格局。

南通古称通州，别名静海、崇州、崇川、紫琅。唐朝时这里为盐亭场，设盐官，后来设县，行政管辖以及被管辖的范围从五代到明清，一直不停地变化着。由于大小沙洲逐渐与陆地相连，南通的地盘扩大到今天的规模，如果崇明县没有划归上海，南通在地域上还要再大一些。

从扶海洲到今天的南通一市六县，这是长江为这块地方带来的福祉，难怪南通又被称为"崇川福地"。然而这种沧海变桑田并没有我们想象中那么简单浪漫、充满着对时间的哲学思考和敬畏，这种变化往往是残酷的。南通在历史上几经沉浮——明朝的时候，南通的海门就曾经历过"桑田变沧海"的灭顶之灾，以至于到清代康熙年间，朝廷不得已撤销了海门县，因为海门那个时候已经沉入海底。几十年后海水退去，新的沙洲又露出地表，于是江南的百姓再次迁徙到这块地方，围海造田，向大江大海要生存的土地。

南风北韵

"南通州，北通州，南北通州通南北"，这是一个楹联趣话里的对子。传说乾隆皇帝南下的时候路过当地，因为北京有个通州，如今又来到南方的通州，他就给随行的官员出了上句，一时把很多人都难住了，后来有一个人看这个地方当铺多，于是对出了下联"东当铺，西当铺，东西当铺当东西"。这个"南通州"就是今天江苏的南通，古称通州。南通在长江的北岸，与江南隔江相望，如果和北京的通州相比，它才是真正地理意义上的"通州通南北"。

我们常说万里长江如同一条蜿蜒在华夏的巨龙，江水从唐古拉山脉的沱沱河源头顺势流下，一直往东奔向大海。到了长江入海口，这条巨龙仿佛龙口微张，呈吐纳百川之势。长江巨龙的"下齿"是上海，"上齿"则是南通。南通和上海一个在北，一个在南，在地域上南通属于江北，上海属于江南，然而因为仅隔一水，南北文化在南通交融混合，就像现在的南通话，听起来像江南吴语，其实是江淮官话，而在北方盛行的风筝和南方常用的蓝印花布，都是南通当地名产。

这种南北融合、南风北韵，早在远古时期就有苗头。三皇五帝的时候，在淮、沂地区的东夷族为了躲避中原强敌的进攻，有一部分人逃到南通这个地方，这是最早的北方文明传入当地。

春秋战国时期，吴楚交战，楚军败吴之后，部分吴军避于南通海安一带。汉初东瓯王举国从吴越迁徙江淮，也有一部分人流落到南通附近，再加上南通本身就和江南仅一江之隔，自然会受到南方吴越文化的影响。

历史上这些南北交融的过程形成了南通独特的南风北韵，至今仍让人们津津乐道。特别是在江苏境内，人们多以苏北、苏南来划分，而口音近吴语但实属江淮话的南通，最后只好保持中立的态度，既不划到苏南，也不算苏北，和扬、泰地区形成了苏中地区。

水绘园

人文

号称"中国近代第一城"的南通，有着中国人最早创办的博物馆。

南通三塔

南通有三塔：光孝塔、支云塔、文峰塔。三塔中资历最老的当属光孝塔，当地有"先有光孝塔，后有通州城"的说法，还有形容三塔的民谣"南通有三塔，角分四六八；两塔平地起，一塔云中插"。南通三塔成为南通的一个历史文化象征。

先说建于唐代咸通年间的光孝塔。该塔五级八角，砖木混合，塔高30米，塔基是须弥座式，塔身颀长，与其他二塔相比，显得玲珑俊秀。光孝塔在天宁寺的西北角。

位于南通城中轴线上的是支云塔，在狼山广教寺的大雄宝殿之后。支云塔、南城门、江山门和城中心的谯楼形成南通的风水门户，当地称之为"山海拥金莲，乾坤落天柱"。支云塔建于北宋太平兴国年间，在狼山的最高处，塔高35米，五级四面，是阁楼式砖木结构，上有金色琉璃瓦，朱漆雕栏。

建于明代万历年间的文峰塔，位于濠河畔，旁边有文峰公园，附近近年来修建了一些仿古庭院式建筑，称为文峰塔院。文峰塔下曾有一座五福寺，但这座寺庙修建得晚，是先有塔，后有寺，建寺的时候曾有五只大蝙蝠腾空而现，大如车轮，所以就把此寺命名为五福寺。五福寺早已弃毁，唯有古塔尚在。文峰塔塔高39米，五级六角，白墙红柱青铜瓦，塔身稳重，塔刹细长，腰檐翻飞，质朴优美。

文峰塔的修建，还有一个故事。根据《通州新建文峰塔记》碑文记载，文峰塔的修建目的是"补山水之形胜，助文风之盛兴"。南通狼山曾被当地看作是南通风水上的"官禄宫"，而当时开山凿石、兴建土木，动了官禄宫的风水，所以就有人提议在城东南地势较低的地方建造一塔一桥，补山水之形胜。也许这文峰塔、三元桥建得还真是时候，没有出过达官贵人或名士的南通，在此之后连出近百个进士，还有胡长龄、张謇这两位状元。传说归传说，文峰塔屹立在濠河畔，确实为城中风景增色不少。

南通博物苑

许多人都不知道，中国人最早创办的博物馆在南通。这也不足为怪，号称"中国近代第一城"的南通，在清末状元张謇的首创和倡导下，逐步发展近代经济和城市建设，南通一度被誉为"小上海"。

张謇是清光绪二十年（1894年）殿试一甲，授翰林院修撰。后来应张之洞的要求，总办通海团练。按理这才是晚清状元的"正经事儿"，然而张謇却在上海发起强学会，筹办大生纱厂，这在今天看来无异于大学教授下海经商，但张謇当年这样惊世骇俗的行动，却一发不可收。他通过集资开办纱厂之后，逐渐涉足近代工业、农垦、交通、水利、邮电、商业、外贸、金融、教育等事业，用自己的行动在履行着"实业救国"的决心。

光绪三十一年（1905年），张謇任上海震旦学院院董、江苏教育会会长，并将在建设中的通州师范学校公共植物园改为"博物苑"，提出"设为庠序学校以教，多识鸟兽草木之名"的办馆理念。这是中国第一个公共博物馆，张謇在办馆之初，没有想到中国博物馆事业会在中国东隅江头海角的一个小城市里走上发端，更没有想到这座小小的博物苑一办就是百年。

如今的南通博物苑，在保存原有的南馆、中馆和北馆等历史建筑的前提下，又增添了一些新的建筑，新旧建筑相融于园林式的博物苑中，别有意趣。

水绘园

很多人记住南通这个地方，是因为水绘园；很多人知道水绘园，是因为"秦淮八艳"。远在南京的"秦淮八艳"本是没有机会和这个偏僻的地方发生瓜葛的，偏偏有了才子佳人甚至深宫秘闻之类的故事流传至今，让人们来南通就定要去那水绘园，去感受一下温婉如玉的秦淮名艳董小宛。

水绘园在南通地区的如皋城东北角。始建于明朝万历年间，是冒一贯的别墅，传到冒辟疆才渐趋完善，其最大特色是"南北东西皆水绘其中，林峦葩卉，块扎掩映，若绘画然"。明朝灭亡后，冒辟疆作为明末复社"四公子"之一，隐居园内，改园名为"水绘庵"，当时明末名士

水绘园中的雕像

如钱谦益、吴伟业、王士禛、孔尚任、陈维崧等来如皋相聚，传出"士之渡江而北，渡河而南者，无不以如皋为归"的佳话。

水绘园环以碧水，因为有了水才有园中烟柳画堤、两岸夹境的灵动，黛瓦、粉垣、朱栏、雕漆，再加上茂林修竹，碧水四绕，阔水平池，园主融琴棋书画、博古曲艺于一园，园中有庐，有堂，有亭阁，雅趣盎然，妙隐香林、悬雷峰、小沧溪、壹默斋、枕烟亭、湘中阁、寒碧堂、碧落庐，行走于这些园中佳境间，仿佛依稀能感受到当年风流名士的高谈阔论，或者是美人袅袅的生活雅意。

江南自古不缺亭台楼阁，水绘园让诸人神往心驰的，还是冒辟疆和董小宛的爱情故事。董小宛名白，字青莲，因生活困苦而沦落青楼，与柳如是、李香君、陈圆圆等名列"秦淮八艳"。一次偶然的机会，她在苏州半塘见到乡试落第的冒辟疆，一见倾心，几经转折后，在钱谦益、柳如是的帮助下被赎出青楼嫁与冒辟疆，演绎一出"名士悦倾城"的动人爱情故事。

只可惜董小宛因病早逝，冒辟疆挥墨千言，写下《影梅庵忆语》记录与董小宛生活的点点滴滴，字里行间，哀叹悼念，董小宛对生活的热爱和情趣，对爱情的真挚，无不让人叹息。至于后世将董小宛玉殒和清顺治的董鄂妃牵强附会到一起，或者有好事者考证《红楼梦》中林黛玉的原型便是董小宛，不论传说如何，都是后人对一代名艳董小宛的心仪之情。

董小宛能诗善画，做得一手精致得接近艺术的佳肴，还弹得一手好琴。前两年去水绘园里的水明楼，尚能见到一张蒙尘布灰的老琴，据说，这张琴就是董小宛当年心系之物。

水绘园

景色

濠河环绕古通州城，如少女脖子上的翡翠项链。

濠河

濠河是南通的护城河，始于后周显德年间。当年挖土筑城，就挖出一条深广的护城河来，而且濠河就像一条玉带，串起城内很多现有的天然湖泊，根据方志记载，"濠河绕城四匝，与市河相通，城北、东、南、西南阔凡几十丈，北接淮水，西汇江河，东达诸场"。这宽广的濠河不但通城内水面，而且还通到沿海盐场，可见规模之大。一条濠河贯通南北城内外，也难怪会有"通州"之名。

现在的濠河全长数十公里，水面达1040亩，最宽的地方有200多米，最窄的地方仅10米。濠河环绕古通州城，城市因为有了水而多了几分生气，当地人把濠河看做是"少女脖子上的翡翠项链"，这个比喻让南通人很是自豪，这种"水包城、城包水"的城市优势，比江南水乡的小桥流水多了些大气之势，比北方城市规整的护城河又多了些水韵天然浑成的灵气。

濠河风景区分东南濠河、西南濠河、北濠河，各个景区风格迥异。东南濠河河面阔绰，双桥飞渡，三元桥和启秀桥给人们带来的不仅是交通的便利，还有玉带明珠般的景致。南通三塔之一的文峰塔就在东南濠河一带，古塔倒映，柳岸扶风，行舟于河上，如在画卷里穿行。西南濠河河中有沙洲，有楼阁，以前是烟波浩荡的一片水域，后来张謇进行城市建设的时候，在这里建造五山公园，筑堤架桥，形成南通新景。北濠河有天宁寺、光孝塔。

濠河值得夏日夜游，远处高楼林立、灯火通明，岸边亭台楼阁月影朦胧，泛舟河上，水面清凉，流光溢彩，想象一下这里曾经一片汪洋，现在却城市繁华，也许每个人都会生出对时间的敬畏之情吧。

狼山

南通别称"紫琅"。这个雅号源于南郊的狼山。一说因为此山有白狼出没，一说是山形像狼，所以被称为狼山。北宋时期的人觉得狼山名字过俗，就改为琅山，而山上岩石紫色居多，所以又被称为"紫琅山"。就这样南通又有了个雅致的名字。

狼山本是长江江中的一座山头，唐代高僧鉴真东渡日本时曾在狼山泊船避风。到了北宋，狼山与陆地之间的水域渐渐缩小，最后相连起来，这才开始在狼山上修建庙宇，名广教寺。

狼山是南通五山之一，其余四山为军山、剑山、马鞍山、黄泥山，这些山头都不高，像城市盆景一样点缀其间。站在狼山上极目远眺长江，胸中畅意，一抒而发。

当地人有到狼山许愿的说法，说在狼山上许愿，一拜要拜三年，非常灵验。狼山上有释迦殿、广教寺、狼山大圣殿。这狼山大圣是唐代高僧，唐中宗尊其为国师，于是修庙于此，至今香火不断。

民间

在空中飞舞的南通风筝能演奏悦耳动听的韵律，仿佛天上传来仙乐。

董糖

董糖，有个和董小宛有关的美丽传说。当年冒辟疆在如皋归隐时，董小宛经常亲手烹制各种精美佳肴，调制各种花露，腌制各种色味俱全的腌菜，无不鲜美可口，精致怡情。传说董小宛会制一种糕点，用芝麻、炒面、饴糖、松子、桃仁和麻油作为原料制成酥糖，切成长五分、宽三分、厚一分的方块，这种酥糖的特色是外黄内酥，甜而不腻，南通、扬州甚至安徽一些地区，都把这种酥糖叫做"董糖"，用来纪念这位才貌双绝的秦淮佳丽，如扬州的寸金董糖、卷酥董糖。正因为如此，董小宛还名列中国古代十大名厨之中。

直到今天，董糖仍然是人们过年时候的常备糕点。用一方彩纸包着，小心翼翼地打开，里面是一块看上去生硬、吃到嘴里松软的酥糖，酥糖的表面是灰白色的回字纹，这大概是酥糖在做的过程中留下的切割面。用手尖轻轻捏起一块，送入嘴里，入口即化，里面的糖须有嚼头却不黏牙，香甜可口却不生腻。人们在过节送礼的时候，总喜欢送上一盒董糖，祝福好日子甜甜蜜蜜。

街边的糖画摊，一女子正在制作鱼形的糖画

南通风筝

风筝在北方称作"鸢",在南方称作"鹞",南方和北方的风筝制作分为"南鹞北鸢"两大派系,南通风筝就是南派风筝的一种,最为称道的是"板鹞"、"哨口风筝"。

南通制造风筝的历史比较长,是中国四大风筝产地之一,清朝末年,南通风筝和北京、天津、潍坊的风筝齐名。"弦响碧空称风筝",从北宋开始,南通当地就形成扎裱、绘制、设计音律、雕刻口哨等各道工序组成的风筝制作工艺流程。南通的哨口风筝,利用风筝在空中风的流动,带动风筝上的孔眼发出声响,从而形成不同的音律,甚至是不同音阶的音符,让风筝在天上翱翔的时候不但有观赏性,还有视听性。南通的风筝因为这种独特的哨口工艺,得到了"空中交响乐"的赞誉。

南通风筝多为几何形的平面,如六角、"七连心"、"十九连星"等,大小在1米以上,风筝上镶缀各种材料做的口哨,除了小口哨,有的风筝上还有大口哨,用葫芦、竹子、龙眼等制成。放风筝,有时候还需要好几个人一起使劲,因为有些风筝体形巨大,据说大的板鹞风筝高达四五米。风筝在空中飞舞,大小不一的各种口哨在风的作用下发出声响,形成悦耳动听的韵律,仿佛天上传来仙乐一般,格外空灵。

蓝印花布

说起江南水乡,我们总想起小桥流水人家,想起古老的航道和柳岸,想起木雕窗格和黛瓦粉墙,还会想起江南女子头上戴的、身上穿的用蓝印花布缝制出的一方烟水气、一段蓝印时光。每次从江南古镇回来,很多人都会带回一方蓝印花布,或搭在桌上作为一块赏心悦目的桌布,配上青瓷粗碗;或拴在门上,当作有着乡土气息的门帘。

南通的蓝印花布从明代开始就成为当地独特的手工艺品,渗透到人们的生活之中。南通有一座南通蓝印花布博物馆,是由民间工艺美术大师吴元新在政府支持下一手创办起来的,是我国第一家以收藏、展示、研究、生产蓝印花布为目的的艺术馆。馆内收藏着明清以来大量在民间流传的蓝印花布纹样、图案以及制品,这些制品和资料图片多达上千件,是非常宝贵的蓝印花布艺术宝库。

蓝印花布,又称"药斑布"、"浇花布",已有1300多年历史。最初用蓝草为染料,现在是用石灰、黄豆粉等原料合成蓝浆进行印染,全棉的布,全手工的流程——纺织、刻版、刮浆、晒布、上色、晾干等,从一块普通的棉布到印染出丰富、精美的图案。一块蓝印花布会成为江南女儿出嫁时候的嫁妆,变成"压箱布"。江浙一带流行的蓝印花布,以桐乡、南通为胜,而南通的蓝印花布则更胜一筹。传统的蓝印花布是单面染印,而南通的蓝印花布则是双面渲染,纹样精美,寓意吉祥,典雅朴素,是不可多得的民间艺术品。

徐州人文地理

XUZHOU RENWEN DILI

往事

> 直到今天，这块地方的人都带有霸王乡的几分豪气，"父老能言西楚事，牧儿解唱《大风歌》"。

九朝帝王徐州籍

关于徐州，有这样一句话："一州，两汉，三楚之西，乾隆四巡，五省通衢，六千年文明，毛主席七访，八百寿彭祖，九朝帝王徐州籍，十里长街淮海路。""九朝帝王"这个称呼着实让号称"六朝古都"的省会南京不满，但不满归不满，那些个在南京定都的皇帝，还真有几位是从徐州走出去的。如果把祖籍也算进去，从古至今上千年来，满当当的十一位开国皇帝，都可以归于徐州老乡名人录中。

汉高祖刘邦，这个不用说了，丰邑人，即今徐州丰县，于楚汉战争中大败项羽，成为大汉开国皇帝；王莽，大新政权皇帝；刘秀，刘邦之后，祖籍也算作徐州，东汉开国皇帝；除此还有魏国开国皇帝曹丕、南朝宋开国皇帝刘裕、南朝齐开国皇帝萧衍、南朝梁开国皇帝萧道成、后梁太祖朱全忠、南唐开国皇帝李升、明开国皇帝朱元璋、太平天国的领袖洪秀全，这些皇帝领袖们，或是古徐州地区的人，或是祖籍徐州，总之都与徐州有着联系。

于是，徐州给人的感觉，是粗犷的，是孔武有力的。从江苏的地域版图来看，徐州就已经算是北方，包括徐州的方言，也是属于北方语系中的华北、东北方言，也许这是由于徐州自古就是四省交界、五省通衢，东襟黄海，西接中原，南屏江淮，北扼齐鲁，受到周边如中原、山东等地的影响，所以徐州在典型的江南人眼里已经算作北方了。

徐州的地理位置是重要的，有"第一要津，两水汇通，连通三沟，四方都会，五省通衢"的称法，也许我们能理解为什么从徐州这块地方走出去的人，既有北方的豪迈，也带有江南的细腻，崇文尚武。各种文化、南北各地的风格在此激荡交汇，就连帝王将相，从徐州走出来的，也有豪放派与婉约派之分，比如刘邦与项羽，在当年来看，都算徐州范围，戎马征战，尘土飞扬。再有一位皇帝，即把国家断送在"春花秋月何时了"上的李煜，他也是地道的徐州人，他说着北方方言，却写出水淋淋、湿漉漉的南唐词，"剪不断，理还乱，是离愁"，这

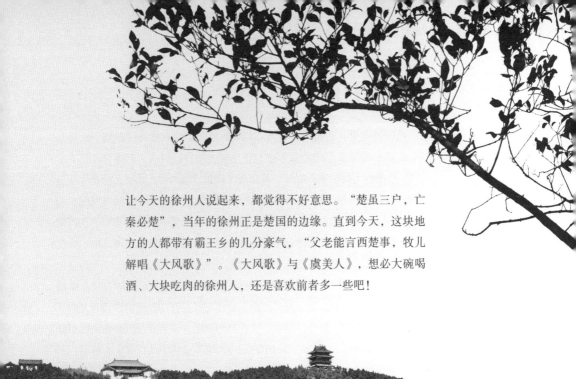

让今天的徐州人说起来，都觉得不好意思。"楚虽三户，亡秦必楚"，当年的徐州正是楚国的边缘。直到今天，这块地方的人都带有霸王乡的几分豪气，"父老能言西楚事，牧儿解唱《大风歌》"。《大风歌》与《虞美人》，想必大碗喝酒、大块吃肉的徐州人，还是喜欢前者多一些吧！

彭城古国

　　徐州的历史，远比那些帝王将相来得悠久。徐州古称"彭城"，那是一个传说中的国家。5000多年前，还是帝尧的神话时代，彭祖在此建大彭氏国。后来在大禹治水的时候，就出现了徐州，《尚书·禹贡》中把天下分九州，今天的江苏占其二，扬州与徐州。当然，大禹时期的九州界线，与今天的不尽相同，范围也大多了。但彭城，却是实实在在的古徐州。江苏境内，徐州的城邑建设应该是最早的。在苏州、无锡还是荒蛮水泽之时，大彭氏国就已经成为夏商时期的五霸之一。

　　这不得不提彭祖。这个被孔子推崇为偶像的人物，以他的古往今来破纪录般的年龄、养身之道、烹饪之术、食疗之术、气功、房中术等等笼络了一票粉丝，如老庄、屈原、葛洪，这些思想家还未成名成派的时候，彭祖就如一颗耀眼的明星，让他们望而生畏——人家毕竟活了八百岁呢！最后，彭祖被道家奉为仙真，偶像终于神化了，成为上古传说中的仙人。

　　传说总是在历史中忽隐忽现。春秋战国时期，彭城先为宋邑，后归徐国，最后归楚地，亡秦必楚，说的就是彭城这地方。秦汉之际，西楚霸王项羽建都彭城，除此，彭城还做过两汉、三国时期曹魏和西晋等三朝封国的国都。直到东汉末年，曹操迁徐州刺史治彭城，始称徐州。

两汉文化看徐州

　　徐州给自己贴的文化标签是"两汉"。他们是这样宣传的：秦唐看西安、明清看北京、两汉看徐州。不管汉朝定都长安还是洛阳，但是大汉天子可是从徐州抖抖披风、摆摆盔甲厮杀出一条帝王路的。徐州是汉高祖刘邦的故乡，也是他发迹的首站，从徐州开始，他建立的大汉王朝，成为当时世界上最强大的帝国之一。

　　据统计，两汉这400年间，徐州共有13位楚王、5位彭城王，应有18座王陵墓葬，在东汉时期，徐州境内还分封过一个下邳国，有4位下邳王嬗递。

　　斯人已去，故国难存，在岁月历史的大浪淘沙之后，徐州剩下的是丰富的汉墓文化。经考古专家的研究发现，徐州汉代十八陵有北洞山第二代楚王墓、狮子山第三代楚王陵、驮蓝山第四（五）代楚王陵、龟山第六代楚王墓、东洞山第八代楚王陵、土山东汉彭城王陵等。徐州西汉楚王陵最具代表性的莫过于北洞山楚王陵、龟山楚王陵和狮子山楚王陵。

　　当然，除了汉墓文化，还有许多历史胜迹，不过这些胜迹更多的是徒有空名，倘若对汉代历史不那么关心的游者，未必会对这些地方感兴趣，如戏马台、泗水亭、霸王楼、歌风台、拔剑泉、子房祠、王陵母墓等。这些地名拴着的，是一串串楚汉故事，比如楚霸王项羽的"力拔山兮气盖世"，汉高祖刘邦高歌"大风起兮云飞扬"，还有张良吹箫散楚兵的传说。

人文

　　徐州，有着一串串楚汉故事。

汉兵马俑与楚王陵

　　西安有秦始皇兵马俑，徐州有汉兵马俑。一东一西，遥相呼应，都是秦汉时期墓葬文化的代表。徐州的汉兵马俑，与秦始皇兵马俑、咸阳杨家湾汉兵马俑齐名。在徐州市东郊狮子山的西麓，有一座徐州汉兵马俑博物馆，陈列的是2150多年前的西汉楚国的第三代楚王刘戊的墓葬品，以陶俑为主，角色上有官员俑、卫士俑、发辫俑、甲士俑、马俑、盔甲俑、跪坐俑等等，这些兵马俑造型朴实，是一支完整的汉代军队建制，数量庞大，建制齐全。汉代的社会生活、军队建制、墓葬制度等等从中可窥见一斑。

楚王像

与秦始皇兵马俑相比，从造型上来看，汉兵马俑略小，仅高1尺左右，而且几乎所有的陶俑表情都显得悲怆肃穆，看来制作陶俑的工匠把陪葬这个题材很好地发挥到人物造型之中。

汉代的生死观与秦一脉相承，认为人死后在另一个世界，也会有各种需求，王侯将相自然需要千军万马，没准在那边也要战马嘶鸣、硝烟四起一番，这才有了陪葬的兵马俑。

博物馆旁边是楚王陵。西汉汉景帝时期，吴王刘濞等发起"七国之乱"，楚王刘戊也参加了。七国之乱终以失败告终，楚王刘戊为保整个家族利益而自缢，以死谢罪。刘戊死后，楚廷朝丞为他匆匆下葬，因为从西汉国都长安下一纸诏书到徐州，起码要个几天几夜，而诏书一旦把刘戊定性为"畏罪自杀"，那刘戊就不能享受王陵待遇了，所以楚王陵墓纵然修建了19年还没有完工，但仍然埋进了楚王刘戊。从后世考古发掘来看，楚王刘戊的墓葬待遇丝

金戈铁马

毫没有受到"叛乱失败"的影响，整座狮子山体内几乎被掏空，依山为陵，凿山为葬，真是到了"托体同山阿"的境界。

整座陵墓，南北总长117米，宽13.2米，深入山下20余米，总面积851平方米，开凿石方量5100余立方米。丰富的出土文物，让人叹为观止。楚王陵墓是模仿地面宫殿的建筑群体，结构复杂，形制奇特。整座陵墓呈南北中轴线对称式建筑布局，从外到内依次为三层露天垂直墓道、天井、耳室、墓门、甬道、侧室、前堂和后堂等。其中包括庖厨件、浴洗室、御府库、御敌库、钱库、印库、前厅堂、棺室、礼乐房以及楚王嫔妃陪葬室等大大小小墓室12间，其设施结构一应俱全。

我不太喜欢去陵墓参观，总觉得过于阴森，但是偏偏徐州是一座以墓葬文化著称的城市，也许只有徐州这样的豪爽之地，才能镇得住如此阴鸷的墓葬文化吧。

龟山汉墓

龟山汉墓

继续讲徐州的墓葬文化。徐州的"汉代三绝"——汉兵马俑、汉墓、汉画像石，哪一样不与墓葬文化有关呢？既来之，则安之，楚王陵也好，龟山汉墓也好，千年后由得活人大肆参观感慨，墓主当年恐怕怎么也想不到这样的结局。他们设想的重见天日，恐怕是带着陶俑陶人、陪葬的珠宝，过上另一种生活。

至今为止，徐州汉墓已经发掘了近300座，其中十几座是汉代王侯陵墓，在这些王侯陵墓中，龟山汉墓最为壮观。龟山汉墓在徐州市九里区龟山西麓，是西汉第六代楚王襄王刘注的夫妻合葬墓。从汉武帝时期开建，墓东西全长83米，总面积760多平方米，也是整座山体几乎掏空。南为刘注墓，北为其夫人的墓。整个墓葬由2条墓道、2条甬道、15间大小配套和主次分明的墓室构成，卧室、客厅、马厩、厨房一应俱全，井然有序，宛若一座宏伟的地下宫殿。整座墓室结构精密，处处显楚汉雄风，线条粗犷，雄浑恣肆，而且留下9处不解之谜，最主要的有四大谜。

一是汉墓的两条甬道，长56米，沿中线开凿，最大偏差仅为5毫米，精度达1/10000，两条甬道相距19米，夹角为20秒，误差为1/16000，且甬道两壁都磨平如镜。按当时的技术水平，如何能修建这样的墓道？二是作为典型的崖洞墓穴，古人是如何将此山掏空，这么庞大的工程如何做到？三是刘夫人墓室的前厅和棺室及石柱上分别留有乳头状石包，分布走向呈不规则排列，从现场的情况来看，这些石包不是纯粹的工艺点缀，有观点认为是象征灯盏，也有观点认为是象征墓主是天上的星星，但是没有确切的说法。最后一个就是"楚王迎宾"，是在棺室北面墙上有一个真人大小的影子，而且影子是身穿汉服、一副拱手迎宾的姿态，据说这个影子是墓室开放后才形成的。

项羽戏马台

徐州市内的户部山上，有一处戏马台，传说公元前206年，西楚霸王项羽结束秦朝的命运之后衣锦还乡，定都彭城，即今天的徐州。项羽在户部山上因山造台，依靠山势的高度，观看底下将士操练兵马，所以被称为项羽戏马。要说明的是，项羽戏马台并非仅仅是一处台阁而已，而是包括东西两院，以及啸天石、追胜轩、集萃亭、马槽、系马桩等诸多遗迹，在戏马台外，还有明清时期的刘家大院和郑家大院、台头寺、三义庙、名宦祠、聚奎书院、耸山房等。

大概由于项羽声名在外，这位"生当作人杰，死亦为鬼雄"的西楚霸王，让多少文人骚客为之扼腕叹息，又为之倾倒。所以项羽戏马台2000多年以来，周围一直有各种名迹古建，以沾一沾霸王之气。清光绪年间段喆在此建双层飞檐六角亭，题书"从此风云"，这四个字留给项羽的这段历史，再准确不过了。

景色

> 杏花村在云龙山脚，借用苏轼的诗句："云龙山下试春衣，放鹤亭前送落辉。一色杏花三十里，新郎君去马如飞。"

云龙山与云龙湖

一直以为徐州的看点是汉代的墓葬文化，是项羽的遗迹，直到有一天看到一幅徐州的旅游宣传画，上面是城市之中的山林与湖泊，这才知道，徐州的云龙山与云龙湖，风景别样好。于是假日里驱车前往，发现了这一处休闲的好地方。

云龙山在徐州城南，蜿蜒起伏3公里，山头9节，最高处海拔124米，在以平原居多的江苏来说，城市里有这样一座山就十分可以了。再加上山上还有亭台楼阁、古代建筑，掩映在树木之中，红瓦飞檐，绿树蓊郁，令人心旷神怡。按照苏东坡《放鹤亭记》中所赞的，云龙山"春秋之交，草木际天，秋冬雪月，千里一色"，虽然都是泛泛溢美之词，但也说明云龙山景色不输于其他。

云龙山上有兴化寺、放鹤亭、刘备泉、杏花村等。

兴化寺依山而建，只因云龙山上有一座北魏年间雕刻的大石佛像，因佛像而得寺院，这就是兴化寺的来历。这座佛像，据《徐州志》记载："正平元年（451年），北魏拓跋焘南下侵宋，路经彭城，有手下士卒用兵器依崖而凿，时只雕一佛头，方面大耳，法像庄严，人呼佛头岩。"后来云龙山又称为"石佛山"。但据实际考证，这座释迦牟尼石佛并非拓跋焘所为，应该是北魏太和九年（485年）由彭城王、文献帝第六子元勰主持雕刻的，距今1500多年。这座大石佛可以和四川的乐山大佛相媲美，以前游人游览大石佛的时候，还可以到大石佛的耳朵里坐一会，可以坐四五人。石佛的两壁是200多尊小佛像，也是依山而凿的，大多数是唐宋时候的雕工。

云龙山上另一处古迹是放鹤亭。攀云龙山北而上，有一座叫做"张山人故址"的庭院。张山人何许人也？原来是苏东坡的好友，北宋隐士云龙山人张天骥。他在庭院隔壁建了放鹤亭和招鹤亭，旁边还有一处饮鹤泉，看得出来，这位喜欢诗书琴花的张山人，清晨放鹤，傍晚招鹤，过着闲云野鹤一般的生活，这一点让苏轼非常欣赏，于是为张山人写撰一篇著名的《放鹤亭记》："山人有二鹤，甚驯而善飞。旦则望西山之缺而放焉，纵其所如，或立于陂田，或翔于云表，暮则傃东山而归，故名之曰'放鹤亭'。"

云龙山上还有刘备泉，在山的西坡。泉上方有一座三让亭，说的是三国时期陶谦三让徐州、刘备接任徐州牧的故事。杏花村则在云龙山脚，借用苏轼的诗句："云龙山下试春衣，放鹤亭前送落辉。一色杏花三十里，新郎君去马如飞。"

云龙湖就在云龙山下，三面环山，一面抱水。云龙湖以前没有这样有气势的名字，原名簸箕洼，明代万历年间，因为有两只石狗镇涝，又叫做石狗湖。直到解放后，当地修筑了云龙山至韩山的拦湖大坝，后来才更名为云龙湖，与云龙山共同构筑了云龙风景区。云龙湖还真不小，有小南湖、水上世界、湖滨公园等，想必徐州人一定也归纳了云龙八景之类的风景，诸如云湖泛舟、荷风渔歌、湖山诗廊、金山塔影，不管风景如何，生活在风景里面的人，永远是幸福和安详的。

民间

> 很多人问起徐州人说，你们徐州是不是有个"啥汤"很好喝？徐州人点头应："对，啥汤。"

蜜三刀

徐州有一种传统的风味小点，叫做"蜜三刀"，这种浆亮而不黏、味道香甜绵软、芝麻香味浓厚的甜食，源自北宋时期。传说苏东坡在徐州任知县时，结交了一位云龙山的隐士张山人，经常与张山人在放鹤亭上饮酒聚会。一日，苏东坡得了一把好刀，在饮鹤泉井栏旁的青石上试刀，三刀下去，青石上居然留下三道刀痕。这时旁边的仆人送来一种用饴糖做的新式糕点，还没有起名，苏东坡看这种糕点上面亦有三道刀痕，于是就命名为"蜜三刀"。后来蜜三刀由此而风靡徐州的大小食店。

徐州蜜三刀的盛名得益于乾隆的赞赏。乾隆三下江南，每次路过徐州都要徐州府衙派人到"泰康"号百年老店买些蜜三刀，这蜜三刀的滋味，让乾隆皇帝赞不绝口，于是御笔手书："徐州一绝，钦定贡。"后来蜜三刀被引入京城，成为京城名点。

今天在徐州市泰康回民食品店仍然可以尝到正宗的蜜三刀。

啥汤

很多人问起徐州人说，你们徐州是不是有个"啥汤"很好喝？徐州人点头应："对，啥汤。"可是这个答案一定让提问者疑惑，他继续问"到底是啥汤"，徐州人就会肯定地回答："就是'啥汤'！"

原来这道小吃的名字就叫"啥汤"。在徐州人的早餐里，用啥汤就着吃烧饼、油条，味道非常鲜美。啥汤是用整鸡、大麦长时间煨煮出来的。鸡身要煮得散架，麦仁要煮得稀烂，汤要熬得浓稠。先朝碗里打只鸡蛋，舀勺汤一浇，碗面即刻浮起黄的白的蛋丝，再放几颗煮熟的黄豆、一撮火腿丁、几根海带丝，有的还放几片香菜或是薄荷叶，淋儿滴麻油。

还有种说法是，啥汤又叫"饣它汤"（音食它汤），盛行于江苏徐州、安徽宿州、山东枣庄一带，源自彭祖的"雉羹"，以鸡汤为基础，拌以麦片、面筋、胡椒粉、海带等原料。

这道小吃，是早点摊上的座上宾，味道鲜香，滋味醇厚，符合徐州偏北方的饮食口味。

连云港人文地理

LIANYUNGANG RENWEN DILI

往事

> 连云港地区的古天象岩刻、岩画，正是从远古时代遗留下来的神话印迹，让我们的远古历史，有了叶落归根的方向。

花果山上的石刻

羲和之国的上古传说

连云港，古称朐县、郁州、海州，这座城市的名字历史不长，直到1961年，才有了连云港这个簇新的名字。然而在这块土地上发生的故事，不论是史书记载还是考古遗迹，都让我们叹为观止，恐怕找遍江苏，与秦始皇和孔子发生直接联系的地方都屈指可数，更不用说把历史推溯到上古时期。这片太阳最早升起的东夷之地，有着说不完的传说。

在这一片从海里诞生的地方，通过考古发现，可以判断出两万年前就有人类活动的足迹。中国不但有黄河文明、长江文明，还有海洋文明，从这块海洋性地域走出去的东夷人在中原开拓疆土，南征北伐，实现一统。

上古，是一个充满神话的时代。从女娲时期的女和之国，到生出十日的羲和之国，再到日出扶桑的扶桑国，这些传说能在连云港地区的古星图岩石画中找到蛛丝马迹。在一方"东海之外大壑"的领地里，少昊建立了以鸟为图腾的少昊之国，那些从上古流传下来的神话，比如鲧窃息壤、舜葬苍梧、精卫填海、少昊诞生、羲和浴日、后羿射日、舟神作舟，都和连云港这片从海中形成的土地、岛屿有着千丝万缕的联系。

这里是最东边，古人眼中太阳升起的地方，《山海经》中记载："东南海之外，甘水之间，有羲和之国。有女子名曰羲和，方浴日於甘渊。羲和者，帝俊之妻，生十日。"帝俊，是远古东夷先民所信奉的天帝，殷人的先祖。帝俊娶了崇日族的羲和、崇月族的常羲，羲和是太阳女神，常羲是月亮女神。羲和生了10个太阳，这才有后羿射日的传说。羲和族发明太阳历，常羲族发明太阴历，后来羲和与常羲演变成掌管天文历法的官职。

鲧窃息壤、舜葬苍梧，这是大禹治水的神话前传，故事的发生也和连云港这块孕育了各种上古神话的地区脱不开干系。大禹的父亲就是鲧，他是上古夏族部落的领袖之一，鲧偷来天帝的宝物息壤，用堙堵洪水的方法来治洪荒，结果被天帝发现，派祝融在羽山附近杀死了鲧（一说是舜帝杀鲧），羽山就在今天连云港东海县。鲧死后三年不腐，剖开肚子就有了禹，子承父业，于是大禹治水的传说流传至今。而舜葬苍梧的传说，也和连云港有关，舜帝常登苍梧山，晚年东巡小国的时候病重，葬在苍梧，虽然史学上没有最终的定论，但是按照《山海经》的记载，这个苍梧山可能就是古代郁州，也就是今天的云台山。

太阳每天东升西落，给远古文明带来的是太阳崇拜，而飞鸟日出而飞、日落而归，带给远古人类的是飞鸟崇拜。在连云港风景名胜区东磊的那块刻满原始天文记号和标志的"太阳石"，更反映出日月、天地、阴阳、龙凤等观念的原始特征，而大伊山遗址、大村遗址、朝阳遗址、藤花落遗址的相继发现，也说明当时在这个面朝大海的早期人类活动的土壤上，完全有可能孕育出五彩斑斓的上古神话。如果传说没有佐证，那永远是传说。连云港地区的古天象岩刻、岩画，正是从远古时代遗留下来的神话印迹，让我们的远古历史，有了叶落归根的方向。

秦皇巡海立东门

秦始皇对东方，总有着特殊的感情。传说秦始皇的祖先是东夷人，后来被华夏化成为华夏族。秦始皇死后的皇陵内，那些兵马俑浩浩荡荡全部面朝东方，皇陵墓门也朝东方大开，不知是否有着特别的象征。秦始皇在实现大一统之后，在位12年里5次出巡全国，其中就有4次巡海，两次抵达今天连云港地区的赣榆和海州。

"普天之下，莫非王土；率土之滨，莫非王臣"，这句话用来形容一统天下的秦始皇再合适不过。秦始皇为了扬威边塞、耀武天下，于是巡海立碑，并且在公元前212年即秦始皇三十五年立石东海，作为秦东门。这座石门，据古书记载，应该是矗立在地上的两根巨大石柱，成阙状，因此又被称为"秦东门阙"。

今天的海州，也就是当年的朐县，秦始皇统一六国后在全国设立县制，朐县第一次被设立。在空中可以看到从秦朝的皇都咸阳开始直线朝东，就是朐县——东边是迎接日出最早的地方，是太阳升起的地方，日出东方对这一国之君来说是最好的兆头和吉祥。所以秦始皇如此重视朐县，不惜万里前往巡视。

我们想象一下这位孔武有力、威震四方的开国之君，率领部众浩浩荡荡地踏上东巡之征途，从会稽（今浙江绍兴）到吴（今江苏苏州），然后在江乘（今江苏句容）渡江入海，在海上坐船到琅琊，也就是今天连云港地区的赣榆，他路过海州、朐县、郁州（今云台山），以东方为自己领土的国境之边，并且以此地作为出发地，派人寻找东方长生不老药。

今天连云港地区的赣榆，就是当年秦始皇东望的一块宝地，赣榆往东约15公里有一座海岛，因为传说秦始皇当年登上这座小山拜神，所以称为"秦山岛"。岛的西南端有条海积石英卵石形成的"路连桥"，当地叫做"秦帝桥"。今天的赣榆县内，还有秦驰道遗址，以及迎送秦始皇的秦驿站"歇马台"。

在这块与咸阳有着同样纬度、东临大海的地方，有刻着天文历法的太阳石，有羲仲祭日之地旸谷，有着日月的神话传说，有着华夏一统秦朝的东望大门。也许秦始皇到死都在殷殷盼望来自东方的不老神话传说的奇迹在自己身上发生。

人文

> 一直以来历史学家们都认为佛教是通过陆上丝绸之路东传进入我国的，但从孔望山摩崖石刻的存在来看，也不排除从海上传入的可能。

孔子观海

孔子"登东山而小鲁，登泰山而小天下"，山东也枕海，而身为山东人的孔子却没有见过大海，直到他来到了海州。这是锦屏山的东北麓，南云台山的余脉，本是一座不知名、不起眼的小山，当这位老者登上海边的山头，眺望东海，壮阔的大海仿佛仙山在列，似仙似幻，浩瀚无涯，波涛汹涌，巨浪拍岸，他有生之年第一次或许也是最后一次看到大海，他会想些什么？曾经"小鲁"和"小天下"的这位老者，面临着大海，他会有着怎样的胸襟和思想？他会不会像庄子那样对天地宇宙有"鹏之徙于南冥也，水击三千里，抟扶摇而上者九万里"的逍遥想象？

孔子并没有为他这次登山临海、极目远眺留下只字片言，只有一些古籍有零碎的记录，据《舆地要览》载："孔子问官于郯子，赏以登山，以望东海，故名。"孔子没留下豪言，但这座小山头，却因为孔子登山望海而被后人命名为孔望山。1000多年之后，苏东坡登孔望山，倒是留下不少诗篇："清谈美景双奇绝，不觉归鞍带月华。"夜登孔望山，休憩亭中，月照海上，无边无垠的大海广袤深邃，耳边是阵阵海涛，让人觉得心头一颤。

徐福东渡

这又是一个扑朔迷离的史学公案。是传说也罢，是史实也罢，总之两千多年前，连云港成为中国走向世界的首发港，秦方士徐福从这里踏上东渡之途，为秦始皇寻找长生不老药，1600年之后，明朝的郑和才扬起下西洋的船帆，开拔船队，驶向大海的深处。

当年秦始皇东巡到琅琊，听说东方有长生不老的仙药。手下四处打听，找到当地的方士徐福。徐福告知大海中有三座神山，叫蓬莱、方丈、瀛洲，那里海雾缭绕，仙气盘旋，有仙人居住，必有仙丹妙药。于是秦始皇下旨派徐福带千名童男童女，乘着大楼船，向仙山出发。秦东门的大石柱，也许就是日夜盼着徐福带着不老药归来的象征或指引。

然而秦始皇的翘首以盼，并没有盼回徐福和他的长生不老药，他又继续派徐福的好友侯生和卢生再次入海寻找仙山。而这两人看秦始皇好杀戮，专横独断，就商量着出逃他乡，免去杀身之祸。对秦始皇来说，逃了两个方士事小，坏了自己长生不老的大事是大，又因为"焚书"事件，一些儒生散布对秦始皇的不满，这新账老账一起算，就把方士和儒生一起处置了——这就是历史上著名的"坑儒"事件。

此时飘摇海外的徐福，也不知道是生是死，据野史传说他率领船队，到了一片"平原大泽"，这一片海上岛屿，有可能是韩国，还有可能是日本，抑或从韩国又出发去日本。"徐市载秦女，楼船几时回"，从韩国南海岛、济州岛附近的蝌蚪籀文摩崖石刻来看，也许徐福确实来过此地。

徐福对日本的影响更为巨大。在日本民间，徐福一直被尊为农耕神、蚕桑神和医药神。在除了和歌山县以外，其他县如佐贺县、鹿儿岛县等总计大约50个地方都有关于徐福的故事，现在在日本新宫市有徐福公园，园内有徐福墓。有的地方还有神宫、石碑，有的只剩传说。

直到20世纪80年代，连云港赣榆附近徐福村的发现和考证，徐福是何方人士才有了确切的说法。

东汉摩崖造像

孔望山北有孔望亭，南有望海亭，东有龙洞和龙洞庵，西有摩崖造像石刻，中间还有汉代石雕大象。

先说这汉代圆雕石象。石象由整块巨石雕琢而成，身高2.6米，长4.8米，体态健硕丰润，形态雄奇，大象的腹部还雕刻了一个驯象奴，手持象鞭、脚戴镣铐，头上还梳着"丁"字形的发髻。石象的右边写着"象石"二字。大象的四足都踏着莲花，表现了佛教中六牙白象王步步生莲花的传说。

石象旁边有上山的小路，向西走上一段，就能看到汉代摩崖造像石刻。整面摩崖石刻东西长18米，上下高约8米，在高低参差不齐的悬崖峭壁上，有近100个大小不一、造型迥异的石刻人像。这些造像有浮雕、龛内线刻等，还有台座、杯盘等。

有意思的是，这些人像里面有些表现的是佛家的故事，比如佛、菩萨、弟子、力士和供养人，以释迦牟尼佛经变故事为主，如"涅槃图"、"舍身饲虎图"。还有一座造像是西域胡人，相貌典型、策马弹胡笛。有些则表现道家的传说，如道教的神仙崇拜形象，共4座，这些道教形象人物都穿汉装，分别是老子造像及其供养人、黄帝、关令尹喜。除了道教人物，还有"石承露盘"、"杯盘刻石"，这些都是当时方士和道教求仙之术所需要的。

佛道同现于一处崖壁，本不多见，更为奇特的是这块摩崖石壁的石刻艺术，据专家考证应该是东汉时期的珍品。这样说来，孔望山摩崖石刻比敦煌石窟的造像还要早200多年，被称为"九州崖佛第一尊"。一直以来历史学家们都认为佛教是通过陆上丝绸之路东传进入我国，但从孔望山的摩崖石刻的存在来看，也不排除从海上传入的可能。

滨海连岛

景色

夏天的傍晚，在海边的栈道上散散步，吹吹海风，感受一下凉爽的海边夏日，打发闲暇时光，运气好的话，也许能看到海上奇观海市蜃楼呢！

滨海连岛

江苏的海岸线不短，但靠海玩海、休闲娱乐的地方，唯有连云港。与连云港隔海相望的连岛，就有省内面积最大的天然沙滩浴场。

连岛，古称鹰游山，面积达7.6平方公里，是江苏省最大的海岛。连岛海滩和其他地方海滩的不同之处，在于连岛本身就山势曲折，峰峦起伏，山青树绿，就像一座碧色的海上屏风，为渔船搭起一个港湾。而海滩上，更是地貌多样，除了壮观的礁石，还有身后的山林重叠，翠色相映。夏天的傍晚，在海边的栈道上散散步，吹吹海风，感受一下凉爽的海边夏日，打发闲暇时光，运气好的话，也许能看到海上奇观海市蜃楼呢！

海上有仙山

《西游记》里的孙猴子，在花果山自立为王，自封齐天大圣，过着逍遥日子，好不快活。虽然是小说，但这座花果山确确实实地存在着。从最初的《西游记传》到《西游记》，里面都有写，花果山在东胜神洲的大海中。

连云港的花果山，就是一座在海中的"仙山"。

花果山是云台山脉149座山头中的第144座。云台山古称郁州，《山海经》记载郁州在海中，传说是从苍梧经海上飘来此地，就停在了东海朐县东。也就是说，在古代，花果山以及其依傍的云台山，都与陆地隔绝，需要取筏划船才能抵达对岸——这让人很容易联想起孙猴子下了花果山，扎了一只木筏从东胜神洲"漂洋过海寻仙道"，来到了南赡部洲的地界，看见海边有人捕鱼、打雁、挖蛤、淘盐，这正是古代海州渔民日常的生活作业，这南赡部洲就是中华国土、大唐江山。

直到明末倭寇侵扰，沿海民众立桩木堵截倭船，黄河夺淮，泥沙俱下，终于云台山和大陆之间日渐淤塞，沧海桑田，填为平地，这就是为什么今天上花果山游玩，能够车行山前、直奔山门的原因了。

如今游玩花果山，只能在现代景观建筑中去遥想当年神话传说中那水帘洞、花果山的奇特风光了。

民间

如果来连云港旅游，不妨来东海水晶城选上一串水晶。

东海水晶

《西游记》里孙悟空前去东海老龙王的水晶宫，寻一件称手的兵器，于是得到了定海神针——如意金箍棒。传说终归是传说，但让吴承恩没有想到的是，几百年后，连云港东海县真的被誉为"水晶之都"。这里是世界天然水晶原料的集散地。

东海水晶蕴藏量大、质地纯正，有人评价东海水晶是"神奇的透明和透明的神奇"。东海水晶也是东海有名的"三宝"之一，水晶、花生、温泉澡被当地人称作"东海三宝"。东海水晶的开发，虽然从19世纪开始就有记载，但为人们认识并且熟知是在近几年，据说由于特殊的地质结构等原因，有些水晶在地表上就能捡到。世界最大的天然水晶之王，重达2吨，就是在东海附近开挖水库时发现的。

东海的水晶分紫晶、茶晶、墨晶和白色水晶，其中以白水晶、浅紫色水晶、茶晶、浅黄色水晶为优，所以如果来连云港旅游，不妨来东海水晶城选上一串水晶，夏日戴于腕上，一股透心凉直窜臂膀，不仅美观，据说还有保健的功效。

宿迁人文地理

SUQIAN RENWEN DILI

往事

> 真实的历史，可未必这样充满诗意，黄河的变迁改道，带来的是旱涝地、沙碱土，自然农业欠缺，不像江南水土肥沃。所以至今，宿迁给人留下的印象，总是有些落后。

下草湾新人

说起宿迁，很多人脑子里都是一片空白。因为在大部分人的印象中，宿迁没有大山名川，没有旅游胜地，没有丰富的物产和特色工艺，也想不起宿迁有哪些名人。宿迁一度是贫困的代名词。比起江苏苏锡常宁等地方，似乎宿迁都被它们的光芒所掩盖着，这里绝对不是那些旅者计划中必须前来的地方。

可是宿迁的往事，可以追溯很远。也许这都不仅仅是宿迁的"往事"，是江苏乃至全国的"往事"——在宿迁泗洪县双沟镇东南，发现下草湾遗址，以及"下草湾新人"股骨化石，我国人类学家研究推测，下草湾新人是北京猿人的后裔，是现代中国的祖先之一。

我国的旧石器时代，在考古学上分为早、中、晚三个时期。早期如大家耳熟能详的"元谋人"、"蓝田人"、"北京人"。旧石器中期，则有广东韶关"马坝人"、湖南长阳"长阳人"、山西襄汾"丁村人"。而平常所说的"山顶洞人"，则与"下草湾新人"同属于旧石器晚期。"下草湾新人"距今约5万年。

古宿豫城

今天宿迁这片水域在公元前属于古族徐夷生息之地，秦时在此设置下相等县，西晋的时候，安东将军琅琊王睿在宿预置邸阁，运输军储。东晋义熙元年（405年）设宿预郡治宿预县，又称宿豫。后来的历史中，宿预一会儿属于徐州，一会儿属于淮阴，还归过邳州的管辖。

一直到唐代宝应元年（762年），这才正式改为宿迁县，属于徐州的辖治范围。根据地方志的记载："宿预旧城在县东南，当睢水入泗之口，西南皆临泗水。"于是今天宿迁又别称下相、宿豫、宿预。

1996年，江苏省才把宿迁作为地级市给确立下来。但从宋代开始，宋初黄河决滑州，东南夺泗，经宿迁入淮，黄河的几次水涨改道南徙，严重影响了宿迁的农业，带来自然灾害。

"汴水流，泗水流，流到瓜洲古渡头。"真实的历史，可未必这样充满诗意，黄河的变迁改道，带来的是旱涝地、沙碱土，自然农业欠缺，不像江南水土肥沃。所以至今，宿迁给人留下的印象，总是有些落后。

人文

宿迁的名人不算多，项羽算上一位。

项王故里

项王故里

与宿迁有关的诗文不多，其中有一首是南宋时期文天祥所作的《道经宿迁望邳州》。

道经宿迁望邳州

文天祥

中原行几日，今日才见山。问山在何处，云在徐邳间。邳州山，徐州水，项籍不还韩信死。龙争虎斗不肯止，烟草漫，青万里，古来刘季号英雄，樊崇至今已千祀。

算来算去宿迁还真没有多少名人，但项羽要算上一位。《江南通志》记载："今项王故里在宿迁旧治北梧桐巷。"唐宋时期，就有当地的百姓在梧桐巷立坊纪念，后来毁于黄河改道带来的水灾。到了清康熙年间，宿迁县的知县大人在一棵传说是项羽种的槐树旁立了一块高6尺、宽2尺的纪念碑，碑上镌刻"项羽故里"4字，同时还修建了一座寺庙。后来庙被毁，碑却完好，于是民国时期，张华棠的部队在此驻扎时，重修项王故里，在古槐旁建了一座"槐安亭"，又建了3间草厅"英风阁"，但是也遭到了战争的摧毁。如今的项王故里是新中国成立后陆续维修扩建而成的。多少年过去了，石碑未存，古槐犹在。20世纪80年代重新整葺后，按照原样重新恢复石碑。英风阁、乌骓亭等，成为新的旅游景点。项王故里的碑廊上，刻有一篇《史记·项羽本纪》，可读一读。

与项王交好的那位虞姬，其实算是项羽的老乡。虞姬是今宿迁沭阳颜集乡人。至今当地还有一条"虞姬沟"，沟畔有胭脂井、霸王桥、九龙口、点将台、项宅等古迹。

除了项王故里，曾经在宿迁城南灵杰山西南黄河东堤下，还有一座西楚霸王庙，当然也是纪念项羽的，寺庙从唐代开始就有了，后来渐渐被废弃。明嘉靖年间、清康熙年间都有重建，供当年往来参拜、纪念的文人墨客一览。今天已经找不到这座庙的踪影了。

龙王庙行宫

常言道"大水冲了龙王庙"，在宿迁西北角的皂河古镇，还真有一座龙王庙行宫，又叫做"敕建安澜龙王庙"，建于清顺治年间，康熙年间改建，为四院三进封闭式合院、北方官式建筑群。因为当年乾隆皇帝下江南，六次中有五次在此驻跸，建亭修碑，于是又被称为"乾隆行宫"。

为什么这里有座龙王庙呢？这是因为明末清初年间，黄河泛滥，故道迁移，这里经常遭受洪涝灾害，民不聊生，自然要有一座祭拜龙王的庙宇。龙王庙毕竟是"御赐"而建的，所以在造型建置上，不像江南庭院般小家碧玉，而是多了几分大气。龙王庙周围围墙两重，整座建筑群以中轴线为布局，由南向北排开。最南是骊戏楼，中间有宽阔的场地，还有两根高6丈的旗杆，分别对着"河清"、"海晏"两座牌楼。北侧是禅殿，殿门口有两尊清中前期的皇家制式的一品石狮子。这一对石狮子的规格，和北京故宫门口的那一对是一个级别的。

龙王庙里有御碑亭，亭内有御碑，乾隆题写的御笔诗刻其上。御碑亭两旁是钟楼、鼓楼，重檐歇山顶棚顶。钟楼挂着一口清嘉庆年间所制的八角大钟，鼓楼则有一只直径1.4米的大鼓，这些都是为了迎接御驾而准备的礼器。

第二进院落是龙王殿，也是重檐歇山顶，清式龙吻檐角带跑兽，上覆黄、绿、蓝等六色琉璃瓦。乾隆曾在此临朝议事，祭祀神明。

龙王殿后面是龙王庙行宫，乾隆驻跸时就寝的地方。他当年住的是禹王殿，俗称"正宫"，两侧又有东宫、西宫，供嫔妃居住。

整座龙王庙行宫，让人有种微缩版北京紫禁城的感觉。

景色

有湖有水，就会有风景，就会有湖鲜，能吃能喝，能玩能游，湖畔看夕阳，看朝霞，让人不禁想到，原来苏北也有这样的湖光景致。

嶂山森林公园

在江苏境内，能称得上森林公园的地方真不少，因此苏北宿迁的这座嶂山森林公园并不那么显眼，但在当地人眼里，这未尝不是一个如绿色氧吧般的好去处。

嶂山森林公园地处马陵山南麓，南端为天然草坪，中间为丘陵，北部为平原，西侧为湖泊。有山有水有洞，也有一些人文景观，如宋营遗址、西汉古城遗址等。不过个人觉得，虽然这座森林公园比不上那些声名在外的景点，但对宿迁这个人文自然景观本来就相对匮乏的地方来说，也是自然休闲的一个选择吧。

骆马湖

马陵山下的骆马湖，从高处看下去，形状就像一匹大马的脊背，尾巴正好通向运河，但这并不是骆马湖的真正来历。骆马湖在宋代就有记载，《宋史·高宗本纪》上说："绍兴五年四月金将度淮，屯宿迁县骆马湖。"原来是古代大金军队在此屯扎，所以叫做"落马湖"，而"落马"有点不吉祥的意味，于是又改名为"乐马湖"、"骆马湖"，同音不同字罢了。

有江湖的地方，就有传说。当地朋友讲的骆马湖的传说，有些牵强附会，说的是天

骆马湖

宫里的老龙马生下一匹小龙驹，小龙驹刚出生，嘶叫了几声以表达它的存在感，却扫了王母娘娘的兴，正在做寿的王母娘娘一怒之下派二郎神去斩杀小龙驹。于是老龙马为了代子受过，就被贬到凡间，它掉落在这个地方，流下的委屈泪水变成了一汪湖泊，得名"落马湖"。

有湖有水，就会有风景，就会有湖鲜，能吃能喝，能玩能游，湖畔看夕阳，看朝霞，让人不禁想到，原来苏北也有这样的湖光景致。

民间

> 兴许李白在南京的那场饯行宴上，手里的杯中酒，正是当年的洋河大曲。

洋河酒香

大部分人想起宿迁，都觉得这个名字多少带点酒香。我对宿迁的印象，也是从酒文化开始的。近几年来，每次朋友聚会，喝得最多的，是天之蓝、海之蓝、梦之蓝这一"蓝色经典"系列白酒，按照酒友们的说法，是"入口甜、落口绵、酒性软、尾爽净、回味香"。这个系列，就是宿迁洋河酒厂的出品。

洋河酒厂最有盛名的，莫过于洋河大曲。据说由当地"美人泉"清冽的泉水酿制而成。唐代的时候，就有"洋河大曲"的品牌风靡一时，"水为酒之血，曲为酒之骨"，河是"白洋河"，曲是"美人泉"，不过白洋河已经在黄河改道中被冲毁了，只留下美人泉。400多年来，酒业兴盛的时候，据说周围省市如山东、山西、安徽等地的酒商都前来洋河边上设酒坊，酿美酒。

有一副对联是这样赞叹洋河酒的："酒味冲天，飞鸟闻香化凤；糟粕落地，游鱼得味成龙。" 李白在年轻时，曾游金陵，然后去广陵，朋友为他设酒宴饯行，他写了一首《金陵酒肆留别》："风吹柳花满店香，吴姬压酒劝客尝。金陵子弟来相送，欲行不行客尽觞。请君试问东流水，别意与之谁短长？"兴许李白在南京的那场饯行宴上，手里的杯中酒，正是当年的洋河大曲。

盐城人文地理

YANCHENG RENWEN DILI

紫菜养殖场

盐蒿菜

往事

> 这些最普通艰辛的盐民，不仅造就出百万千万石的淮盐，造就出明清两代富甲一方的盐商，也造就出这座城市的文化和繁荣。

白色海盐甲天下

人生最不能缺少的是什么？是盐！盐是百味之祖，是食肴之将，盐不但是人体必需品，甚至是救命物，相传炎黄大战，就是因为食盐而起，两军对垒，封锁的物资中就有盐。清朝的时候，盐业为垄断行业，盐商富甲天下。中国人最早使用并制作盐，自然盐为卤，加工盐为盐。有一个城市，其命运从西汉时期就与盐业息息相关，不但如此，城市周边或下属的很多地方都浸泡在盐文化中，从地名就可见一斑，如团、灶、丿、仓、堰、冈、盘、圩、滩、垛、荡、皂角等，"丿"是灶民煮盐的主要生产工具之一，盘是煎盐用的盘铁，皂角是点卤成盐用的，这些与盐业有着千丝万缕关联的名字成了当地盐业文化非物质遗产最为鲜活的符号，而这座城市更是直接地以"盐"冠名，它就是盐城。

公元13世纪，意大利人马可·波罗踏上中国这块土地，描述他所看到的城市："在城市和海岸的中间地带，有许多盐场，生产大量的盐。"这是一处"烟火三百里、灶煎满天星"的城市，马可·波罗看到的这个盐场遍地的城市，就是在苏北平原中部、东临黄海、西襟淮扬、南接南通、北毗连云港的盐城。这里有浩瀚的黄海，广阔的滩涂，茂密的盐蒿草，自古以来就是"煮海为盐"的大生产基地。这里迎面的风都夹杂着咸涩味，水是咸的，土是卤的，人们自古以盐为业，靠海吃盐。

盐城的历史应该从西汉汉武帝元狩四年（前119年）设县开始，因为遍地都是煮盐的亭场，到处都是运盐的河流，所以成为盐渎。东晋的时候改为盐城，自古以盛产淮盐而达闻天下，从秦汉时期的"煮海兴利、穿渠通运"，到唐代时期的淮南盐场"甲东南之富、边饷半出于兹"。从汉武帝时众人煎盐、刈草以煎、燃热盘铁、煮海为盐，到唐代开沟引潮、铺设亭场、晒灰淋卤、撇煎锅熬，海盐的制作逐渐成熟、兴旺、发达，这座城市也因为有了制盐业而丰满起来。

海水的富饶，给这座城市带来的是得天独厚的优势，白花花的盐粒为城市扬起独特的海盐文化。制盐有六道工序，碎场、晒灰、淋卤、试莲、煎盐、采花，每一道工序都辛苦不堪。古代制盐的民众被称为"盐丁"，又称亭户、锅户、灶民等。这些制盐的工匠一般来自三种人，一是流放充军的囚犯，或者战争中的俘虏；一是社会游民或者逃荒的难民；还有就是附近的农民，他们早晚犁地种田，中午顶着毒日晒盐，最初是秋冬季节务农，春夏季节晒盐，农盐两头跑，叫做"跑灶"，后来慢慢地分化，弃农经盐的人家就成了固定的灶民。明清还施行过灶民户籍制，灶籍的子孙后代都吃制盐这口饭。

正是这些最普通艰辛的盐民，不仅造就出百万千万石的淮盐，造就出明清两代富甲一方的盐商，也造就出这座城市的文化和繁荣。

红色新四军文化

盐城和制盐业丝丝相扣，别称不算多。明代一位诗人感慨道："盐渎不堪问，萧萧风苇间。绕城惟见水，临海故无山。"盐城无山却近水，城郭像瓢，盐城就像一只漂浮在水上不会沉没的大瓢，一瓢海水半瓢盐，所以盐城又称为"瓢城"。

盐城在历史上一度被改为"叶挺市",这是和盐城的红色新四军文化分不开的。1941年,皖南事变之后,刘少奇、陈毅奉命在盐城重建新四军军部,当时新四军军部机关驻扎在盐城泰山庙。这本是一座清末的学堂。刘少奇、陈毅等在这里运筹帷幄,整个华中地区的抗日斗争都从这里发出指挥号令。如今,泰山庙作为新四军重建军部旧址,是全国爱国主义教育示范基地、全国中小学爱国主义教育基地。

盐城曾改名为"叶挺市",也是和这段革命历史分不开的。1941年重建新四军军部时,叶挺军长在皖南事变中被国民党扣押,未能到盐城就职,便由陈毅代理军长。直到抗战胜利,重庆谈判之后,被监禁了5年多的叶挺才出狱。1946年,叶挺由重庆飞往延安途经山西时不幸遇难。当叶挺遇难的消息传到盐城,军民悲痛,在追悼之时,人们提出当年在盐城重建新四军军部时就盼叶挺军长到来,如今却不幸罹难,所以最后以叶挺的名字来命名盐城。

除此,当时的县委机关报也命名为《叶挺大众》,叶挺县还曾出版石印的《叶挺画报》、《叶挺文娱》等,这都是朴实的盐城儿女对一代伟人的铭记。

当年新四军在盐城建立中共中央华中局、中共中央军委新四军分会、华中党校、江淮银行、鲁艺华中分院等,为这座城市留下永不磨灭的红色烙印。如今的盐城,有一座全国唯一的专业性新四军纪念馆,馆内的巨幅花岗石雕刻艺术地再现了当年新四军和八路军白驹狮子口胜利会师、皖南事变后新四军重建军部的历史场面。

在盐城的市中心,还有一个建军广场,位于建军路和解放路的交接处,广场中间是盐城的城市标志——新四军重建军部纪念塔,塔座上方是一座以新四军骑兵为主体的铜雕像,这是由中央美术学院雕塑系主任王克庆创作的。

大纵湖

人文

> 沧海桑田，一堤成修，功达千古。

范堤烟景

> 拾青闲步兴从容，清景无涯忆范公。
> 柳眼凝烟眠晓日，桃腮含雨笑春风。
> 四围碧水空蒙里，十里青芜杳霭中。
> 踏遍芳龄一回首，朝暾红过大堤东。

这是清代诗人为范堤写的一首《范堤烟雨》。范仲淹为世人留下的不仅是"先天下之忧而忧，后天下之乐而乐"的壮志豪情，还留下百里大海堤，为苏北捍海御卤制盐作出非常重要的贡献。

古盐城有八景：平湖秋月、石桥春涨、登瀛晚眺、范堤烟景、瓜井仙踪、龙祠古幽、铁柱潮声、杨楼翠霭。其中的范堤烟景，说的就是范堤一带的景色，明朝万历年间在盐城东门外修建了范公祠，前面修筑一亭，叫做景范亭，雨天登亭东望，深念这位为盐城人民做出大好事的范公。范堤一带烟柳茫茫，堤外还有烽火墩70余座，潮墩百余座，烽火墩可报兵变敌情，潮墩则是赶海人涨潮避难时的宝地。这条海堤，在风景上绝对难以与人间天堂西湖边上的苏堤、白堤媲美，但它却有如长城一样重要的意义。

北宋年间，范仲淹被派往泰州西溪即今天的东台任盐仓监。当时海潮泛滥，而沿海地势低洼，常常遭到海潮的倒灌，导致土壤斥卤，田地荒芜，海水不但淹没田产，还毁坏制盐的亭灶。从唐代开始这里就修筑捍海堰用以遮护农田，宋初时已经是年久失修。范仲淹看到这种情况就上书朝廷，提出修建捍海堰的主张。

北宋天圣二年（1024年），范仲淹从通、泰、楚、海等地集结民夫4万多人，开始兴建海堤，最终修建出一条长达143里、高1丈5尺、顶宽1丈，跨通、泰、楚三州的大海堰，使得农田恢复耕种，盐税大增。后来人们在东台等地方建立了范公祠，用以纪念这位围海修堤的盐仓监，甚至很多受益的百姓还改姓为范，以资纪念。

这条海堤的修建，绝不是易事，困难重重，阻力重重。由于以前的常丰堰年久失修，破败不堪，当时范仲淹亲自勘选建海堰的地址，海岸线也几经变迁，他很为选址的事伤脑筋，于是常常在海边勘察。有一天范仲淹偶遇一位老渔翁，看见渔翁从鱼甑里取鱼,突然转念一想,这老渔翁从何知道鱼甑设置的位置?于是他连忙请教,才找到一个用稻壳来确定堤址的好主意:潮汛来临,把稻壳倒在海滩上,涨潮时稻壳随着海浪推向岸边,而落潮后,稻壳留在了岸边形成一条曲折却明显的稻壳线,沿着稻壳线打上桩即为堤址。这条范公堤,集合了古人的智慧以及人定胜天的意志,成为盐城人民的骄傲。

在范堤建成之后,历经明清数代,又有几次大规模的海堤修筑工程,范公堤逐步南延北伸,日臻巩固,形成了横贯苏北的捍海御卤大海堤。由于敬仰范仲淹,后人把原常丰堰以及沈公堤等沿海捍海堰统称为范公堤,就有了八百里范公堤之说。

如今的范堤,在今天的草堰镇境内仍保存残段,而大部分被改造成道路,如204国道以及通榆公路就是由原来的范堤改造的,成为贯穿苏北东部沿海交通的动脉。沧海桑田,一堤成修,功达千古。

陆公祠

盐城在历史上,有不少仁人志士留名史册,南宋末年与文天祥同榜进士的陆秀夫,抗元于崖山,后来背负幼帝赵昺投海殉国;元末抗元起义在高邮称王的张士诚,就是在原东台起兵;还有向明末抗清名将史可法上书条陈十策的盐城隐士王之祯。如今盐城市亭湖区的儒学街,还有一座陆公祠,纪念那位忠烈报国的陆秀夫。

陆秀夫是宋末政治家,和文天祥、张世杰并称为"宋末三杰",他的故事更加让人扼腕。南宋景炎三年(1278年),端宗赵昰亡,整个朝廷风雨飘摇,众大臣人心惶惶,几欲散朝,这时陆秀夫秉着帝在朝时的信念,力挽狂澜,勉励老臣共同拥端宗胞弟赵昺为帝,年号祥兴,迁到崖山,陆秀夫任左丞相,与张世杰一起执掌朝政。祥兴二年(1279年),张弘范听命元世祖,发起崖山海战,宋军全军覆没,而陆秀夫毅然背负着幼主帝昺投海而死,南宋在悲壮的海战中退出了历史的舞台。

因为陆秀夫是古盐城长建里人,所以明代嘉靖十年(1531年)在盐城儒学街西侧修建了宋丞相陆公祠。几经修建,现在的陆公祠已是盐城最古老的建筑群。陆公祠占地面积1500平方米,为三进两厢的砖木结构,在祠堂的门厅内保留着明代流传下来的"宋丞相陆公祠"碑刻,祠内有仰止堂、浩然堂,东西两侧有厢房,历代重修陆公祠记碑刻也保留至今。

景色

> 在漫天芦苇荡里，听鹤鸣，观鹤击长空，领略"晴空一鹤排云上，便引诗情到碧霄"的意境。

丹顶鹤自然保护区

丹顶鹤自然保护区在盐城地区射阳县，距县城80多公里，在斗龙港和新洋港出海口间有一大片生态保护圈。这里是丹顶鹤越冬的主要地方，每年都有上千只丹顶鹤从西伯利亚、黑龙江扎龙、日本北海道随着西伯利亚的寒风挥动着翅膀，飞过万水千山来到盐城沿海滩涂湿地上过冬，在这片太平洋西岸最大的湿地上，每年大约有占世界上60%的丹顶鹤来此处停留。

丹顶鹤

未进丹顶鹤自然保护区，老远就能听到一首曾经传唱大江南北的歌："走过那条小河，你可曾听说，有一个女孩她曾经来过……还有一群丹顶鹤轻轻地轻轻地飞过。"歌声中的这位女孩就是中国第一个为环保牺牲的女孩徐秀娟，她被当地的老百姓称为"鹤娘"。

保护区内鸟类多达400种，还有各种鱼类、两栖类等动物。平时参观能看到圈养的丹顶鹤、灰鹤，如果想要观赏野生鹤群，最好驱车深入保护区几十公里，在漫天芦苇荡里，听鹤鸣，观鹤击长空，领略"晴空一鹤排云上，便引诗情到碧霄"的意境。

大丰麋鹿自然保护区

　　大丰沿海，川东港以南，有一片黄海冲积平原沼泽地，这里气候温润，雨量充沛，四季分明，河海港汊蜿蜒交错，盐土沼泽星罗棋布，裸地、草地、芦苇、蒲荡、刺槐林，展现一片海边的原始风貌。20世纪60年代开始，大丰沿海就陆续出土一种珍稀动物的骨骼，直到80年代，这种濒临灭绝的珍稀动物才远道归来，定居此地，并且逐渐令此地成为了世界上最大的麋鹿野生放养地。

　　这种动物，就是麋鹿。

　　这是一种可以与大熊猫媲美的珍稀动物，野生种群早已绝迹，现在全世界人工繁殖的麋鹿也仅有2000头左右。麋鹿的最大特点，就是角似鹿而非鹿，头似马而非马，身似驴而非驴，蹄似牛而非牛，这是我国独有的一种宝物，被人称之为"四不像"，是历朝历代进贡皇室的珍品。到了元代，只有皇家猎苑中才能见到四不像。晚清北京南郊的皇家猎苑也只有200多头麋鹿，却被八国联军侵略时洗劫一空。1901年，英国贝福特公爵用重金从法国、德国、荷兰、比利时四国收买了世界上仅有的18头麋鹿，以半野生的方式集中地放养在乌邦寺庄园内，麋鹿这才免于绝灭。直到1986年，39头麋鹿从英国伦敦起飞，回到了大丰麋鹿自然保护区。麋鹿之于中国，时隔半个多世纪才回来；麋鹿之于大丰，时隔千年方归。

　　如今的大丰麋鹿自然保护区，占地近4万亩，围栏内的核心放养圈也有5300多亩。春天，成群的麋鹿在保护区内闲庭信步，悠然自得。

枯枝牡丹园

　　自古洛阳牡丹为花中之王，谁料远在东海之滨的一座小小千年古镇上绽放的奇葩——枯枝牡丹，亦能与洛阳牡丹、菏泽牡丹并名于世，号称"洛阳牡丹甲天下，枯枝牡丹天下奇，菏泽牡丹遍地开，上海牡丹十里香"。这座小镇就是便仓。

　　便仓镇原名东溟镇，因曾为海盐的仓储地，遂改名"便仓"。现便仓老街北面的卞氏宗祠遗址内，有一座园林风格的建筑，就是便仓的枯枝牡丹园。

　　枯枝牡丹原产自洛阳，北宋末年，苏州枫桥人卞济之曾任陕西参政公，宋亡后隐居东溟，在东溟种下了两枝洛阳牡丹，一枝花红色，代表着报国忠心；一枝为白色，以示为官清廉。

　　枯枝牡丹被赋予了另一种美丽的传说，相传唐代武则天为庆贺登基，责令百花隆冬齐放，唯有牡丹仙子抗旨，女皇迁怒，将宫中两千株牡丹用火炙烤，烧成枯枝，牡丹仙子唯恐就此断绝花种，不得已在枯枝上绽花一朵，女皇大怒，遂将枯枝牡丹贬出长安，一去洛阳，一来便仓。《镜花缘》记载："如今世上所传的枯枝牡丹，淮南卞仓（便仓）最多，无论何时，将其枝梗摘下，放入火内，如干柴一般，顿可燃烧。"

枯枝牡丹

纵湖秋色

便仓的枯枝牡丹奇、特、怪、灵，每年于谷雨前后的三日内开花，花信准确无误。每到牡丹绽放，花蕾吐芳的时候，花开花落20日，一城之人几若狂，如潮般的赏花人，为之欣喜，为之惊叹。

纵湖秋色

平湖秋色，为古盐城八景之冠，而今的纵湖秋色，被列为盐城十景之首。传说中大纵湖曾为东晋城，城内有一个非常孝顺的少年叫宗保子，一天滔天洪水来势汹汹，少年背起双目失明的母亲飞奔而逃，逃了不知多少里路，直到母亲劝他歇歇脚，他才放下母亲，回头一望，整座东晋城都不见了，唯见汪洋一片，从此这里少了个东晋城，多了个大纵湖。

大纵湖是苏北里下河地区最大最深的湖泊，湖水清冽，水草丰茂，历史上"建安七子"之一的陈琳、明末清初的书法家宋曹都生长于此，明朝朱元璋的谋臣朱升也隐居大纵湖，"难得糊涂"的郑板桥更是在大纵湖畔设馆授徒。

现在的大纵湖已经被辟为旅游度假休闲胜地，湖荡绿洲、渔家水寨，在这里可以领略到盐城独特的湿地风貌、纵湖民风、水乡风情。也许在这样的地方，感受到的不是风景名胜，而是别有风味的绿色自然。

民间

如果在东台附近游玩，来上一碗热腾腾的鱼汤面，那真是美到心里了。

淮剧

淮剧，是流行于上海、江苏以及安徽部分地区的一个戏种，又名江淮戏。盐城地区建湖县的地方方言，就是淮剧的基调，在建湖方言基础上又兼顾了附近的淮宝（淮安和宝应）、盐阜（盐城和阜宁）等方言而戏曲化。清中叶时期，在江苏盐阜、淮宝一带，流行着由家民号子和田歌雷雷腔、栽秧调发展而成的说唱形式"门叹词"，形式为一人单唱或二人对唱，仅以竹板击节。后与苏北民间酬神的香火戏结合，称为江北小戏。之后，又受徽剧和京剧的影响，在唱腔、表演和剧目等方面逐渐丰富，形成淮剧。

建湖县地处淮剧艺术发祥地的中段,历史上的僮子、香火戏艺人大多出生于此。该地的语言与周围地区相比,具有语调工稳、四声分明、五音齐全、富于韵味、发音纯正、悦耳动听等优点,为不同时期的淮剧艺人所采用。

淮剧产生于民间,贴近生活,贴近民众,具有质朴粗犷的艺术特点。方言念唱,特色鲜明。因受到徽班的熏陶与影响,行当齐全,文武皆备,不同于一般的地方小戏,有着自身的特色。

东台鱼汤面

东台在盐城市的南边,出过布衣诗人吴嘉纪、评话宗师柳敬亭、近代实业家张謇等名人。东台有一道名点,叫做鱼汤面,这道鱼汤面可不一般,号称"吃一碗,想三年",而鱼汤面的制作历史,已经有200多年。

鱼汤面源于清乾隆时期,关于鱼汤面的起源还有一个有意思的传说。相传乾隆年间,东台鱼汤面就久负盛名,当地的鱼汤面馆老板很是得意。有一天他发现街上来了一个卖面条的小摊子,每天都在街上排了老长的队伍。于是老板亲自前去品尝一碗,只见面汤奶白醇厚,入口鲜香,面条筋道入味,真是赛过自己店里的鱼汤面百倍有余。老板一问,才知道小摊厨子原来是皇宫的御厨,因为犯了错被逐出宫外,卖面为生,流浪于此。老板赶紧把御厨请回店里,由他主掌鱼汤面,从此这家店的鱼汤面就远近闻名,鱼汤面也就成为东台著名的小吃了。

如果在东台附近游玩了古风遗存的西溪小镇、香火绵延的泰山护国禅寺、朴素挺拔的海春轩千塔和蜿蜒秀美的范公长堤,再来上一碗热腾腾的鱼汤面,那真是美到心里了。

阜宁大糕

盐城市的阜宁县,盛产一种叫做玉带糕的糕点。糕片非常有特色,具有白如雪、薄如纸、卷得起、放得开、烧得着(用火能点着)的特点,味道甜如蜜,口感柔如云,香甜可口,还有着大吉大利、步步高升的吉祥寓意。因为是阜宁的特产,所以又被称为阜宁大糕。

阜宁大糕的制作历史悠久。明朝中叶,阜宁盐业发达,商贾往来,带动了地方经济、文化、生活的繁荣发展。民间以优质糯米、精白糖、提炼后的猪油和上等的蜜饯,经过拌兑、打模、成型、蒸熟、刀切等工序制作而成。

据说乾隆下江南住淮安府,阜宁县以糕点进贡伺候皇帝,乾隆天天山珍海味,哪里吃过这种民间小点?一尝之下自然赞不绝口,赐名"玉带糕"。从此,阜宁大糕便名贯于世,成为人们茶余饭后品尝、馈赠亲朋的佳点。

淮安人文地理

HUAIAN RENWEN DILI

往事

淮安鼎盛时期与苏州、杭州、扬州齐名，是运河线上的"四大都市"之一。

两淮之辨

如今的淮安人被问起来，总要解释一番淮阴和淮安的区别，然而在外乡人看来，淮阴几乎等同于淮安。这块地处江淮平原中部，被连云港、宿迁、盐城，以及扬泰地区包围的苏北城市，不论叫淮阴还是淮安，都让人觉得，这就是那位曾受"胯下之辱"而后成一方大将的淮阴侯韩信的故乡。也正是因为如此，这里的地名，更让人难以说清，是淮阴还是淮安来得更加正宗些。

历史上先有淮阴，后有淮安，但淮安曾作为江苏省内第一大府，这个名字也从元代到民国一直用了近600年。秦统一六国推行郡县制，古邑淮阴就是从那个时候开始它的历史的，后来韩信由此投身秦末农民起义，辅佐刘邦成就一方霸业。当时的淮阳县是今天的楚州区。

淮安这个名字，直到南齐永明年间才出现。但那个"割直渎、破釜以东，淮阴镇下流杂100户置淮安县"的淮安县并非今天的淮安。南宋理宗宝庆年间，把楚州改淮安军，山阳县改淮安县，后来又改为淮安州，这才是淮安真正的肇始。

叫什么名字，都已经成为历史，大概只有史学家们会对这错综复杂的更名史感兴趣。

淮水安澜

古淮安地区，就地接淮水、泗水，东临大海，南毗长江，后来开运河邗沟连通长江和淮水。运河给城市带来的是巨大的繁荣，淮安境内成为漕运要道，从扬州到洛阳，南上北下，九省通衢，一路繁华，淮安也没落下。由于淮北盐场的形成，唐初为了淮盐的运输还开了运盐河。漕运、盐运带动河水两岸的经济繁荣，就连白居易也赞叹"淮水东南第一州"。

曾经的淮安，繁荣到什么地步呢？用"黄柑紫蟹见江海，红稻白鱼饱儿女"来形容绝不为过，在黄紫白红这番色彩斑斓的景象下，淮安鼎盛时期与苏州、杭州、扬州齐名，是运河线上的"四大都市"之一。

民谚说"走千走万，不如淮河两岸"，这说的是黄河改道之前的淮河胜景。700多年来，特别是在明清两代，黄河改道夺淮，携带大量的泥沙壅塞了淮阴的入海道，并且堵塞各水系的出路，这条与黄河、长江、济水并称"四渎"的淮水，一时间泛滥成灾。

当年毛主席在授予治淮委员会的锦旗上题词之后，"一定要把淮河修好"这句话成为淮水两岸人民治淮的决心。直到改革开放之后，淮河入海水道工程才终见成效，淮水安澜，成为今天淮安真正的幸福标志。

人文

> 韩信、吴承恩、周恩来……淮安可谓人杰地灵。

国士无双淮阴侯

韩信如果在今天，可以称得上是淮安的代言人，因为言必称"淮阴侯韩信"，这位与萧何、张良并称"兴汉三杰"的大将，在淮安，或者说淮阴，有着难以磨灭的历史记忆。

韩信出生于古淮阴县城系八里的韩王庄。今天的淮阴县码头镇人民医院，就是他少年居住的地方，淮阴故城官巷。据当地人的说法，官巷有一座门楼，上书"韩侯故里"，现在门楼已被拆，韩信的遗迹还有韩侯祠和韩信钓鱼台。

韩侯祠在楚州区镇淮楼东，最初的规模包括大殿、中殿、前殿等配套建筑，大殿坐北朝南，中有韩信泥塑像，殿额上写着"汉韩侯祠"，另外还有"精白乃心"、"国士无双"、"兴汉三杰"等匾额。祠中最著名的，当属那副对联："生死一知己，存亡两妇人。"还有一副对联是："奠数千里长淮，神留桑梓；开四百年帝业，功冠萧曹。"

还有一处韩信钓鱼台，是明代万历年间建的，在城西北角的运河东岸。钓鱼台形方，高一丈，传说韩信当年常常在这边钓鱼糊口，著名的"漂母饭信"的故事据说就发生在这里，后来人们筑台用以纪念这位功名显赫的韩王孙。

和韩信有关的还有漂母墓和漂母祠。漂母本是一个普通劳动女性，经常在淮水边漂洗衣服，而韩信当时还是一位少年，常常在岸边看书，或者垂钓养家。一天漂母见韩信昏倒在地，估计他是饿昏了，就赶紧把自己带的饭喂给他吃。就这样喂了几天，韩信十分感激，信誓旦旦说要报答漂母。结果漂母却生气地说道：大丈夫竟然这样说话，我救你只不过是看你年纪小，难道是图你以后来报答我？韩信将漂母此言牢记在心，以此为激励，后来终于功拜王侯。

等他再回此地，已经是受封进爵，为了答谢漂母当年的救命之恩，韩信以千金酬谢十万将士，让他们每人捧一抔土，为漂母垒出一座20米高的小山头来。因为墓头离城外的东岳庙近，所以人们称漂母墓为泰山墩，而土由于被挖填到墓上，以至于出现了一个大水塘，被称为泰山塘。这就是郦道元曾经记载下来的"投金增陵"的典故。

如今漂母墓仍高20多米，墓底直径50米，原来墓上有60多块石碑，现在只剩下光绪年间的护墓碑和民国年间立下的墓道碑。

漂母祠则在韩信钓鱼台附近，多为纪念歌颂漂母的楹联，以供后人寻迹访踪。

明代第一陵

明祖陵

明代第一陵不是明孝陵，而是明祖陵。顾名思义，这座陵是纪念朱元璋的祖父的。朱元璋祖籍泗州，父辈才迁居安徽凤阳。在朱元璋建立明朝之后，太子朱标奉命修建祖陵，选址在洪泽湖畔，原有城墙3道，神道石刻，棂星门，金水桥3座，享殿、亭阁、署房、宫私宅第千间。

有意思的是，清代康熙年间，由于黄河改道，河水侵淮，泗州城突发了一场大洪水，明祖陵全部被淹在水下，直到20世纪60年代，洪泽湖水枯，近300年来埋在水底的明祖陵才初见端倪。

现在明祖陵的神道石刻，还有人牵马1对、麒麟2对、狮子6对、华表1对、文官7对、武士1对、马1对，其他还有石柱础30余个。这些石像雕刻精美，形赋其神，体积高大，和明孝陵的石像道不相伯仲。

周恩来故居

　　周恩来是淮安人,这一直是淮安人引以为豪的。周恩来故居在淮安市楚州区城中心。在驸马巷和局巷的中间,有两个三进的宅院。东宅院房屋共计四进20间,这里有周恩来诞生的地方、读书的房间,还有少年周恩来辛勤劳动、提水浇园的遗迹———一眼水井和一小块菜地。西宅院有房屋二进12间,现为"周恩来同志生平展览"陈列室。院子是青砖、灰瓦,这是典型的明清时期苏北民居的建筑。

　　周恩来纪念馆是1992年落成的,在楚州区桃花垠的一个三面环水的湖心半岛上,离周恩来故居不远。纪念馆由2座纪念性建筑群、1个纪念岛、3个人工湖组成,气势恢宏,匠心独运,建筑庄严肃穆,朴实典雅,融合了传统建筑的风格,又有现代建筑的气魄,是人们常来缅怀的地方。

吴承恩故居

　　中国古典四大名著中,粗略算来有三部与淮安有关。一是《红楼梦》,据考证书里的美食属于淮阳菜系;一是《水浒传》,作者施耐庵隐居在淮城棋盘街上的好友家,以萧湖、勺湖、月湖等芦苇沼泽,以及淮安画家龚开所画的《三十六人赞》为创作背景,写成《水浒传》,成书于淮安,并且逝于淮安;还有一部就是《西游记》,其作者吴承恩出生于淮安府山阳县的河下打铜巷。如今淮安城西北端的河下打铜巷,仍有吴承恩故居。

　　吴承恩故居占地面积上千平方米,院墙东西30米,南北100米,里面房间不少,有吴承恩的书房2间,起居3间,堂屋3间。里面有曲径通幽的抱廊、假山、亭台舫桥等,是典型的明代园林式庭院,青瓦粉墙。

吴承恩故居墙上的脸谱

从吴承恩故居出来往西，能看到竹巷入口的牌坊，上面写着"吴承恩故里"，往东方向，则可以路过汉代辞赋两代大家枚乘、枚皋的故里，如今有枚皋纪念亭，此外还有宋代抗金女英雄梁红玉的祠堂，以及韩信钓鱼台。所以在吴承恩故居门口，张悬着这样一副对联：

旧宅揽胜迹：萧湖、长淮、邗沟水；
故居接芳邻：枚亭、梁祠、钓鱼台。

一副对联，古城淮安丰富的历史文化和底蕴尽在其中。

景色

镇淮楼古朴大方，静静立在城市中央，看岁月变幻，看车来车往。

文通塔

在今天淮安市楚州区古城的西北，有一处勾湖公园，勾湖的西南岸，有一座建于唐代的宝塔——文通塔。这座宝塔最初于唐中宗景龙年间建造，原名尊胜塔。这是纪念高僧竺法护翻译《法华经》而建的，因为竺法护原居敦煌，所以这座塔又被称为敦煌塔。后于明崇祯年间重修，旁边有文通寺，所以更名为文通塔。整座塔砖瓦结构，无梁无柱，高23米，七层八角，外廊为黄身青檐。

如今的文通塔，和勾湖交相辉映。勾湖、萧湖、月湖并称为楚州三湖胜景。在这不得不提淮安的古城，在晋代之前有老城，后于宋代筑新城，明代筑联城，这是我国唯一由三座城相连的古城。城区五分之一都是湖泊，真是河清海晏啊。

镇淮楼

镇淮楼的历史意义，绝对大于其旅游价值。

镇淮楼在楚州区中心，是古楚州城的标志性建筑。镇淮楼建于宋代，又名谯楼、鼓楼，原本是镇江都统司酒楼，明代的时候置铜壶刻漏，用来报时。楼下拱门是南北的交通要道，所以镇淮楼又有"南北枢机"的说法。

清代由于淮水经常泛滥成灾，于是把此楼改名为"镇淮楼"，意思是"古楼在此，百无禁忌"。当然镇淮楼的气势，并没有吓退淮水的洪荒泛滥，但是这座楼却留传下来，成为古城的标志。

镇淮楼类似宫殿的建筑风格，雕梁画栋，飞檐翘角，顶端还镶嵌螭吻，是一种类似龙头的装饰。整座城楼古朴大方，静静立在城市中央，看岁月变幻，看车来车往。

民间

淮菜和扬州菜互相借鉴，互相融合，运河上两大城市在菜肴方面逐渐统一成一种风格，那就是淮扬菜系。

淮扬菜

民间有这样一种说法，中国八大菜系，都是以省作为称谓，唯独淮扬菜，以江苏两个地级市作为名字，淮扬菜姓淮名扬，因为其历史和文化意义，被视为八大菜系之首。

淮扬菜的历史可谓久远，据说从春秋开始淮扬菜就成为佳肴珍馐，隋唐兴盛，到了明清更是被文人雅士奉为桌上宾。

淮扬菜包括淮菜和扬菜，扬菜即扬州、镇江一带的风味，淮菜是淮安菜。之所以不叫扬淮菜，不仅仅是因为地理原因，还因为淮安在淮扬菜的发展上占有主导作用。最早的记录是《尚书》说夏朝有"淮夷贡鱼"。西汉辞赋大家枚乘，赞扬自己家乡淮安的菜肴是"天下之至美也"，他在辞赋中描绘家乡菜，有煎、熬、炙、烩等多种烹调方法，五味调和搭配，还配有用秘制芍药酱炖的熊掌、烧烤薄片里脊肉、肉丝鲜鲤、新鲜蔬菜，甚至很雅兴地以黄玉苏子起香，用兰花泡酒漱口，这真是食不厌精啊！

到了明代万历年间，仍然有淮安菜肴精雕细琢的记载，说"淮安饮食华侈，制度精巧，市肆百品，夸视江表"，还建立了一系列的饮宴规格、席间规矩。清代时候，长江以北，宴饮珍馐，盛在淮安，边吃边乐，配上伎乐，一筵要花上数金。

由此，淮安在淮扬菜系中占了上风。淮安菜的诸多讲究也保证了其色味双全。当地有这样的选料说法：醉蟹不看灯、风鸡不过灯、刀鱼不过清明、鲟鱼不过端午。这近乎实验性的配料，也只有淮菜会如此讲究。

淮菜中，还有"三全席"之称，即全鳝席、全羊席、全鱼席，单以鳝鱼（又称软兜）、全羊、活鱼等为主料，每席都能做出108道佳肴，有人形容全羊席像"苏东坡诗词书画、文章政事，无一不佳"。这种全席，主料同，考究的是辅料、烹技和烧制的风味。在清代，淮菜全席在全国占有一"席"之地，排在满汉全席的后面。

就这样，慢慢地淮菜和扬州菜互相借鉴，互相融合，运河上两大城市在菜肴方面逐渐统一成一种风格，那就是淮扬菜系，成为中国美食一绝。

盱眙龙虾

说起龙虾，不得不提的是盱眙龙虾。估计很多老饕们对"盱眙"这两个字，还有点拿捏不住，偶尔还会错念成"于台"。几乎在江苏任何一个地方，每到夏天，盱眙龙虾都会成为当地人热衷的一道美食。当一盆热腾腾的龙虾端上桌，未动碗筷已闻香，遍体通红的龙虾浸在汤汁中，令人食指大动。不一会儿，就见餐桌下方的篓子里堆起满满一篓子虾壳虾螯。剥虾的食客们，斯文点的，还带着塑料手套剥上一两只尝尝鲜，那些想要过把"虾瘾"的老饕，则把塑料手套一脱，双爪伸向虾盆，拿起一只，对嘴一唆，一吸，一吮，龙虾里的汤汁便尝了个鲜，然后麻利地把虾尾一掀，剥了壳，往料汁酱醋里一蘸，或者直接在龙虾汤盆里一滚，那硕大的龙虾尾肉，好吃得让人难以罢手，直吃得十指滴汤流油，连指甲缝儿里都是一股子龙虾的味，三天都难以彻底洗干净。往往仨俩好友，来点啤酒，几盆龙虾，这就是宁镇扬淮这一带夏日里最爽的夜宵。

最好吃的，当然是盱眙十三香龙虾。号称麻、辣、鲜、美、香、甜、嫩、酥、肥、亮的十三香龙虾，吃完后齿颊留香，连手指都让人忍不住要吮吸一下。小龙虾香气浓郁，勾人胃口，口水直流。

盱眙龙虾是淡水龙虾，又叫克氏螯虾，原产地是美国，20世纪30年代先传入南京一带，后来进入淮安所辖的盱眙境内的洪泽湖、陡湖大量繁殖，以至于成为当地甚至江苏大部分地市的一道名菜。

后记

十余年前，我只身一人来到南京求学，学习的专业方向是古典文献，古人云，"行万里路，读万卷书"，在书卷中徜徉之余，我已经记不清自己多少次收拾行囊，踏上旅途。在一个地方待久了，自然有了感情，工作之后每次出差，在陌生的城市里，但凡看到"江苏"、"南京"，心里都会有种莫名的归宿感，因为这里有生活，有故事，有亲朋，有家。

一直到广东旅游出版社的编辑丽芝女士向我约稿，我才真正打量起这个生活了十几年的城市，去过的，或者未曾去过的，江苏省内十三地市，每一处地方，都有我的朋友，我继续背起背包，前去访友，寻古问今。历时两年，又经历诸事耽误，这本小书终于尘埃落定。

其实，江苏的人文、历史、掌故，岂是寥寥数语能够形容的！于是我也只是在小书中作了一个粗浅的概括和描述，笔力有限，更真实的江苏，更丰富的江苏，还待各位尊敬的读者亲自前来感受，不论苏南苏北，皆有别样风情。

在小书撰写的过程中，感谢我的母亲，为我核查资料，为书稿提出很多宝贵的意见。我的朋友们为小书提供了精美图片，在此并谢。特别感谢本书的策划编辑丽芝以及本书的责任编辑少君，是你们的敦促，让此书精益求精；感谢广东旅游出版社提供这次出版机会，让人文江苏的精彩跃然纸上。

最后感谢每一位读者，江苏的美，等你们来！

魏申申

2012年9月